图书在版编目 （CIP） 数据

守护土地 / 胡佳编 . -- 北京：中国地图出版社，
2015.8
　（美丽中国系列 . 环保篇）
　ISBN 978-7-5031-8472-7

　Ⅰ . ①守… 　Ⅱ . ①胡… 　Ⅲ . ①土地保护—青少年读物
Ⅳ . ① F301.2-49

中国版本图书馆 CIP 数据核字 （2014） 第 236195 号

书　　名	美丽中国系列之环保篇·守护土地		
出版发行	中国地图出版社	邮政编码	100054
社　　址	北京市西城区白纸坊西街 3 号	网　　址	www.sinomaps.com
电　　话	010-83543902　83543949		
印　　刷	北京龙跃印务有限公司	经　　销	新华书店
成品规格	170mm×240mm	印　　张	10
版　　次	2015 年 8 月第 1 版	印　　次	2015 年 8 月北京第 1 次印刷
定　　价	24.80 元		

书　　号　ISBN 978-7-5031-8472-7/G·3274
如有印装质量问题，请与我社发行公司联系调换

内容简介

　　土地，一个大家都并不陌生的词。在漫长的历史长河里，土地为我们提供了丰富的粮食以及数不尽的宝贵资源，却从来不求我们丝毫的回报。然而，即便如此，还是会有人在它脸上肆意乱扔垃圾，向它泼洒污水，令它失去原本靓丽的容颜，换上了病态的苍白；又在它肚腹上挖出一个又一个大窟窿，掏空它的五脏六腑，令它伤痕累累，血流不止，一日比一日憔悴。

　　土地是伟大的，她是人类的母亲，她用自己甘甜的乳汁哺育了我们，把一切的美好都奉献给了我们，可是我们呢？又是如何报答她的：一片片茂密的森林被砍伐、一座座大山被掏空、一亩亩良田被盖上了高楼……

　　如今，本应风华正茂的大地母亲，面对儿女们毫无节制的索取，早已满目疮痍，不堪重负，我们欠她的实在太多。亡羊补牢，为时不晚。请珍惜土地，守护这片我们赖以生存的故土，莫要让这山清水秀之景成为逝去的记忆！让我们从点滴做起，为大地母亲换上美丽的衣裳，让她恢复从前的秀丽，保护大地母亲，让她不再受伤害，还她一片安宁！

目录 CONTENTS

美丽中国系列之 环保篇

守护土地

美丽中国系列之

环保篇

一　珍贵的土地

　　土地是植物生长的摇篮，花草树木在她怀里萌芽、开花、结果；土地是动物欢乐的舞台，飞禽走兽在她怀里尽情奔跑；土地是地球的胃，她能将动植物的躯干化作养料；土地是地球的聚宝盆，她的体内蕴藏着丰富的金属、煤和石油等珍贵矿藏……土地是人类的归宿，是人类的故乡，没有土地，生命将无处安身。

1.土地资源——最有价值的自然资源

地球诞生于45亿年前，那时，地球地壳非常活跃，频繁的火山喷发导致岩浆四溢，地球表面除了无边无际的海洋和秃山，根本没有完整的陆地。直到元古代晚期，地球上才出现了大片陆地。在陆地形成之前，地球表面大部分被海洋覆盖着，在这期间，地壳不断运动着，经过漫长的历史演变，形成了现在我们所看到的美丽的地球，也送给了我们广阔而珍贵的土地。

土地资源是大自然赐予人类最有价值的自然资源，英国著名的古典政治经济学创始人威廉·配第有一句名言："土地是财富之母，劳动是财富之父。"这句话道出了土地资源对于人类是至关重要的。

土地资源一词，含义非常广泛，总的来说，它指的是已经被人类所利用和在可预见的未来能够被人类利用的土地。比如：道路、堤坝、沟渠、梯田等都属于土地资源。

　　人类离不开土地，就像人类离不开阳光、水和空气一样，没有了土地，人类的生存会面临严重的威胁。因此，历史上人类才会发动一次次围绕土地的战争。例如，人们所熟知的中东战争，弹丸小国以色列宁愿长期饱受战争的痛苦，也坚决不肯让出一寸有水源的土地，只因为那是他们的生命线。

　　我们平时吃的稻谷、蔬菜、水果等所有粮食都是在土地上种植的，没有了土地，人类的食物从哪儿而来？

　　土地上不仅能种植庄稼，还能盖房屋高楼，为我们创造舒适安宁的生活空间。

　　另外，土地下面还蕴藏了非常宝贵的资源，石油可提炼出纤维、汽油；天然气能够用作燃料；煤可用于火力发电；铁矿石可以用来冶炼生铁和钢……

　　人类的衣、食、住、行方方面面都离不开土地资源的供给，它是当之无愧的"财富之母"。

　　我们都知道，脚下的土地并不都是平坦的，它或高，或低，或长满茂密的森林，或生有葱郁的草地，或覆盖漫天黄沙……但不论它们形态如何，都是宝贵的土地资源，这是因为土地资源本身就具有多样性。目前，土地资源按不同分类标准可分成以下三类：

　　（1）按照地形，它被划分为平原、丘陵、盆地、山地、高原。

　　（2）按城乡土地统一分类标准，它被划分为农用地、建筑用地和未利用地三大部分。农用地主要是耕地、园地、林地、牧草地及其他农用地。建筑用地为居民点及工矿用地、交通用地和水利设施用地。未利用地则主要包括农用地和建筑用地以外的土地，比如：滩涂、荒漠、戈壁、冰川等。

（3）按照土质，它被划分为黏土、壤土、沙土等。

电影《超人归来》里卢瑟说过一句经典台词："人类可以创造金钱、财富，甚至是合成金刚石，但就是造不了土地。"土地资源既是有价的，也是无价的，尽管它时常被人类标上价码进行交易，可它终有被消耗殆尽的一天。所以，请不要等到失去后才醒悟，在还来得及挽救的今天，让我们共同保护我们的"财富之母"吧！

资源百宝箱

盛产石油的盆地

盆地，顾名思义，就像一个放在地上的大盆子，因此人们把四周高、中部低，形如盆状的地形称为"盆地"。位于东非大陆中西部的刚果盆地是世界上最大的盆地。盆地特殊的地理环境非常利于石油的形成，世界上有许多盆地都开采出大量的石油，例如中国的鄂尔多斯盆地和塔里木盆地就蕴藏了丰富的石油资源。

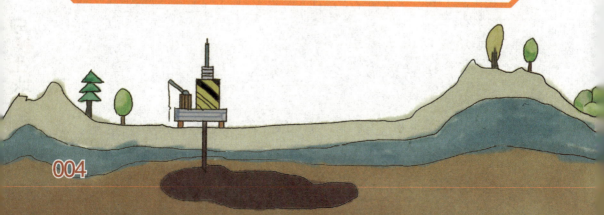

2.林地——天然的氧气制造厂

　　林地，是林业生产地区和天然林区的统称，它一方面是自然本身的产物，如天然林，另一方面人类又可以在土地上营造人工林。林地在林业生产中有着不可代替的作用，人类生存所需的木材和林副产品都是来自于林地。可以说，如果没有林地，也就没有了林业和林业生产。

　　在林地生态系统中最重要的资源是森林资源，覆盖在大地之上的森林是人类拥有的一笔巨大而又宝贵的绿色财富。人类的祖先最初就生活在森林里，靠着采食野果、捕捉鸟兽为生，以树叶和兽皮为衣，在树枝上搭窝建屋。森林是人类的故乡，人类是从这里起源和发展起来的。时至今日，世界上大约还有3亿人居住和生活在森林中。

　　森林里生长有果子、种子、坚果、菌类等各种食物，森林中的动物还是人类美味的肉类食物。在泰国的部分林业地区，人们60%的食物都取自于森林。森林中的木材是人类重要的建筑材料，而像松脂、虫蜡、香料、烤胶等还是轻工业的重要原料。

　　森林还是大自然环境的"调节师"，能调节空气和水的循环，影响气候的变化，保护土壤不受风雨的侵蚀，减少环境污染。一直以来，树木总与水有着千丝万缕的联系，这是因为树木能够涵养水分，尤其是在茂密的森林里，每逢下雨，一部分雨水被树冠截留，其余大部分则落到了疏松多孔

守护土地

的林地土壤里被储存起来，有的被林地中植物的根系吸收，有的蒸发进入大气中，因此森林可以使气候变得湿润，降水增加，起到调节气候变化的作用。

然而，森林的重要性还远不止于此，森林对人类来说更重要的一个作用是，它能够吸收二氧化碳，释放人体呼吸所必需的氧气。不论是天然林还是人工林，都能够吸收大量的二氧化碳，释放氧气，对维护大气中的含氧量起着重要的作用。

一直以来，森林被人们称作"地球之肺"，根据这个理论，森林里的每一棵树都是一个二氧化碳吸收器和氧气生产器。有关专家经过估算得出，一棵椴树每天可以吸收16千克的二氧化碳。150公顷的杨树、柳树、槐树等阔叶林一天可以产生100吨氧气。假设城市居民平均每人占有10~20米^{2}的林地，那他们每天呼出的二氧化碳不但有了去处，还能获得所需要的氧气。

由此可见，如果人类多植树造林，就等于人人都拥有了一家"天然的氧气制造厂"。但现实情况却并不乐观，因为在世界上的任何一个国家或地区土地面积都是有限的，而林地占有的部分更有限。所以，我们人类应该

守护土地

更加珍惜林地，保护林地，不要让大自然赐予人类的"天然氧气制造厂"消失，而应该让它更长久地造福于人类。

资源
百宝箱

林中长出的美味——菌类

如今蘑菇是人类餐桌上常见的美食，其实，早在古代一些菌类就已是人类的美味佳肴。如在德国和奥地利有一种菌类叫凯撒蘑菇，它是当年罗马凯撒大帝最喜爱的食物，所以后来这种蘑菇就用他的名字命名。菌类在地球上已经存在了4亿多年了，它们一般生长在阴暗的落叶下、腐烂的树林里或土壤中。世界上总共有多少种菌类始终未有一个精确的统计，因为科学家们每一次的森林探险中都能发现新的菌种。

3.耕地——人类的生命线

民以食为天，对人类来说，最重要的其实不是金钱、名利等身外之物，而是食物。因为，食物是人类及一切生物生存和发展的首要条件。按营养学来解释就是，人类只有从食物中获取足够的碳水化合物、蛋白质、脂肪和维生素等营养元素，并通过不断地新陈代谢才能维持生命、进行劳动和繁衍后代。人类历史上曾发生过多次饥荒，当今世界一些地区还存在缺粮危机，例如非洲，粮食不足使非洲成为全世界最贫穷的地区，那里的难民不计其数，社会动荡，严重阻碍了非洲的经济发展，由此可见粮食生产对人类发展的重要性。

粮食生产主要依靠耕地，所以与其说粮食重要，不如说耕地重要更为贴切。耕地是粮食的供给者，是全球70亿人口的生命线。

人类对耕地的利用，也就是农业的起源可以追溯到新石器时代。在新石器时代，人类主要依靠采集食物等生活资源为生，在漫长地采集实践中，人类逐渐发现并掌握了一些植物的生长规律，为了摆脱采集型劳作所带来的迁徙之苦，提高生产率，人类开始尝试在土地上种植某些植物。

在埃及南部的库巴尼耶地区，考古学家曾挖掘出了一些大麦粒碳化物，并推断出距今已有18 000多年，证明在旧石器晚期北非尼罗河流域已经有了原始农业的痕迹。此外，在西亚也出土了公元前8000年的大麦粒碳化物。而在中国黄河、长江流域，考古学家还发现了新石器时代的原始农具及农作物的种子，例如河北武安磁山、西安半坡遗址出土的6 000多年前的粟粒、白菜籽和芥菜籽；浙江余姚河姆渡遗址出土了大量稻谷，这是中国长江流域7 000年前曾种植水稻的最好证明。

从世界范围来看，人类农业的起源地大致分布在西亚与北非、东亚、南美等地区。大麦和小麦是西亚主要种植的农作物，东亚主要种植稻谷和粟粒，而南美则培植了马铃薯、南瓜和玉米。尽管原始社会工具落后，多以木、石为材料，劳动条件十分艰苦，但原始农业的出现依然给人类带来了巨大的变化，因为从那时开始，人类不再只是单纯的采集者，而渐渐成为了生产者。同时，农业生产需要人类有稳定的居所，于是农业聚落也悄然形成了。

农业生产离不开耕地，就像鱼儿离不开水，鸟儿离不开天空一样，因此保护耕地就显得极为重要了。具体来说，耕地的重要性可以分为两点：

首先，农业是一个国家国民经济的基础，耕地是农业生产的基础，全世界工业尤其是轻工业的原料主要来源于农业生产，例如食品业所需的各类水果、小麦；纺织业所需的棉、麻、毛、丝；造纸业所需的植物纤维等，这些原材料都是由农业生产提供的。

其次，耕地是保障社会稳定的基础，是农村居民生活的主要保障，是城镇居民生活资料的主要来源。

中国是一个拥有13亿人口的大国，虽然有辽阔的疆土却并不能满足人们对耕地的需求，尽管中国历来就号称农业大国，可实际上中国人均耕地面积仅为1.59亩，是世界人均耕地面积的44%。不得不说，中国在解决人口吃饭的问题上创造了世界奇迹，多年来，中国依靠不足世界7%的耕地养活着占世界20%的人口，实在是一件很了不起的事。因此，对于中国人而言，耕地是赖以生存和发展的"生命线"。

为了保护耕地资源，全世界许多国家都为此专门制定了法律和法规。其中以美国和加拿大最具代表性，如美国在19世纪出台了《宅基地法》，在20世纪30年代出台了《农业调整法》，在1946年出台了《农业市场法》，在1996年出台了《农业法》，而这一系列的立法核心只有一个，那就是避免耕地资源浪费，实现农业的可持续发展。

资源
百宝箱

中国是世界上最早种植稻谷的国家之一

据《三国志》记载，公元231年嘉兴一代有野生稻，后在扬州一带也发现大量野生稻存在。公元3世纪的《广志》中记载，中国南方水稻品种多达12种；公元6世纪的《齐民要术》中记载有24种。而宋代的水稻已有早中晚之分，元代则出现了籼、粳、糯三大类别，到了清代，更是培育出了米色微红而粒长、味香的御稻。

守护土地

4.草原——地球的绿衣

生活中，草地随处可见，而我们在阅读报纸或者杂志的时候，也时常可以看到一些与草地相近的词，例如城市中的绿地叫草坪，而内蒙古辽阔的草地，人们则称它为大草原。

草坪、草原虽然意思相近，但却有所区别。草坪和草原都属于草地的一种，其中草坪是由人工建造的，而草原则是指天然的草地植被。

草原拥有得天独厚的自然环境，为许多珍稀动物提供了良好的生存空间。草原上的珍稀动物种类很多，哺乳类动物有羚牛、野牦牛、白唇鹿、藏羚羊、梅花鹿、狼、野马、野驴、雪豹、金猫、双峰驼、盘羊、马鹿、麝、高鼻羚羊、草原斑猫、西藏棕熊等；珍稀鸟类有丹顶鹤、白枕鹤、灰鹤、黑颈鹤、血雉、大鸨、金雕、藏马鸡、苍鹭、玉带海雕、大天鹅等；珍稀的爬行动物有四爪陆龟、扬子鳄、沙蟒等；珍稀的两栖类动物则有大鲵等。其中有一些极其珍贵的野生动

物濒临灭绝，例如，高鼻羚羊和野马在草原上已经看不到了，只有中国甘肃武威市的野生动物繁育中心才有饲养。而雪豹现存的数量也不过只有1 600多只，野骆驼更少，仅有大约1 000只。

草原是生命的重要支持系统。草原上珍贵的自然资源直接或间接地为人类的生存和发展提供了必要的生产和生活资料。例如我们喝的牛奶、吃的牛羊肉等；中医用于治病的甘草、黄芪、防风、柴胡、知母等药材；用于服装业和皮革制造业的动物皮毛……这些都是草原提供给人类的植物性和动物性原材料。

草原也是地球生态环境的保障系统。草原植物大多贴地面生长，可以很好地覆盖地面，它们的根系十分发达，可以深入土壤中，将土壤牢牢地固定住，为全球生态环境建立了一道牢固的屏障，归结起来，草原的作用主要有以下6点：

防风蚀作用

草原植被可增加地表粗糙度，减缓地表风速，从而能够降低风蚀作用的强度。

守护土地

固沙、防沙尘暴作用

在干旱、风沙、土地贫瘠等严酷的自然条件下，林木生长困难，但却适宜草本植物的生长。草本植物是防治沙漠化先锋，其水分蒸腾少、耗水量少的特性使其成为干旱风沙地区主要的植被类型。研究表明，当草原植被地表覆盖度达到70%时，即能有效降低沙尘暴发生的频率。

保持水土和涵养水分

天然草原具有极强的保持水土的功能，与空旷的裸地相比，草原的水分渗透性和保持水土的能力更强，因此对涵养土地中的水分有非常重要的作用。

调节局部小气候

草原植物在生长过程中，从土壤中吸收水分，又经过叶面蒸腾，将水蒸气释放到大气中，从而提高局部地区的湿度、云量和降水，降低地表温度变化的幅度，增加水循环，达到调节局部小气候的效果。

影响全球气候

健康的草原生态系统能够保持大气层的平衡与稳定，减缓全球温室效应。

净化空气

　　草原生态系统不仅能释放负氧离子，还能吸收、固定大气中的某些有害、有毒气体，是一个天然的"大气过滤器"。

　　草原是地球宝贵的土地资源之一，它默默地生存在世界上的各个干旱风沙地区，用它柔软的身躯牢牢覆盖住每一片干燥贫瘠的土地，如同为地球穿上了一件绿色的衣裳，保护着地球不受自然灾害的侵袭，为动物提供舒适的生活环境，为人类提供各种宝贵的自然资源。所以，请爱护草原吧，别让地球母亲失去她鲜亮的"绿衣"！

资源百宝箱

草原是个天然大药库

　　草原是中药材的产地，据相关资料初步统计，仅在中国天然草地中可以采集到的中药材就大约有千种以上，最著名的有被称为"草原十三太保"的冬虫夏草、地榆、麻叶荨麻、柴胡、防风、黄芪、草麻黄、狼毒、秦艽、白头翁、百里香、甘草以及野罂粟。而像锁阳、雪莲这些名贵中药也分布在草原之中。可见，草原是名副其实的"天然大药库"。

守护土地

5.沙漠鲜为人知的一面

千百年来，沙漠一直被人们看作是荒凉的土地，是世界上最贫瘠的地方，因此人们一提起沙漠就会不由自主地联想起漫天飞舞的黄沙和死一般的寂静。因此，沙漠成了被世人遗忘的角落，使得无数的宝藏和珍贵资源只能长久地沉睡在地下。

随着科技不断进步，人们越来越关注沙漠，如今世界各国的地质工作者顶着烈日，冒着风沙，跋涉在万古荒漠里，使人类逐渐对沙漠有了新的认识。

干燥的沙漠非常适宜矿物形成，地表水溶解矿物质后，这些矿物质会聚集到地下水附近区域，经过日积月累变成了珍贵的矿藏。

沙漠里的矿藏资源非常丰富，在南美的阿塔卡马沙漠，人类19世纪就开采出了钠硝酸盐，用于制造炸药和肥料；美国、智利、秘鲁和伊朗等沙漠地区出产铜；澳大利亚沙漠地区出产铁、铅和锌矿石；土耳其沙漠地区出产洛铁矿；而在中国沙漠地区，就现在已经初步探明的矿藏就有石油、煤、铁、石棉、石膏、盐和芒硝等。此外，在沙漠中还有非金属物质铍、云母、锂、黏土、轻石等。

在沙漠贮藏的矿藏中值得一提的是石油，它是现代工业不可缺少的燃料和原料，是一种十分重要的能源，被人们称作"工业的血液"。全球最大的油田大部分分布在沙漠地带，不过这些油田并不是由于沙漠干燥的气候而形成的。几百万年前，这些沙漠地区还是一片片浅海，而石油是由沉积在海底的生物残骸，经泥沙覆盖而逐渐形成的。中国的不少大油田都是在西北和内蒙古的沙漠戈壁地区发现的，如准格尔盆地西部的克拉玛依大油田就是中国著名的油田之一。

此外，沙漠里还有许许多多珍贵罕见的生物，这些生物不仅包括沙漠动物，还包括沙漠植物。

沙漠中的植物主要有仙人掌、光棍树、佛肚树、百岁兰、芦荟、金琥、秘鲁天伦柱、生石花、巨人柱等。其中，仙人掌和芦荟已经成为人们日常生活中最常种植和利用的沙漠植物，因为仙人掌不仅可以食用，还能防电脑辐射，而芦荟具有杀菌的功效，是美容产品中最常使用的植物原料之一。

沙漠中的动物主要有火鸡、黑秃鹰、骆驼、鸵鸟、蜥蜴、蝎子、跳鼠、响尾蛇等。这些动物在世界各地的动物园里都能见到，经过人类长时间地驯化后，这些原本生长在大漠里的野生动物有的已经成为家禽。例如火鸡，在欧洲人到美洲之前，已经被印第安人驯化，现在火鸡已成为美国人在

守护土地

感恩节和圣诞节时餐桌上的必备美食。又如骆驼，中国早在公元800多年就已驯化了双峰骆驼，之后骆驼便成为沙漠里主要的交通工具，人们把骆驼比喻成横渡沙漠之海的航船，故骆驼有"沙漠之舟"的美誉。

生活在沙漠里的生物都是耐苦的，沙漠植物为了适应残酷和艰苦的环境，保持着长时间休眠的状态，等待着降雨和温和天气来临时可促使它们生长。而大量的沙漠野生动物则焦急等待着炙热白天的结束。沙漠是片让人又爱又恨的神奇之地，但正是由于它奇特的自然环境才会造就出无数珍贵的生物。

沙漠并非从开始就是荒凉贫瘠的。在世界上许多的沙漠中人类都曾挖掘出历史文化遗址，如埃及的阿布·辛拜勒的努比亚遗址、底比斯古城及其墓地、阿布米奈基督教遗址、鲸谷遗址、开罗古城等；秘鲁的昌昌城考古地区、卡罗尔—苏沛圣城；阿尔及利亚阿杰尔塔西利的遗址；中国的莫高窟、楼兰古国遗址、统万城遗址等；智利的亨伯斯通和圣劳拉硝石采石场遗址等；乌兹别克斯坦的布哈拉历史中心遗址……人类目前在沙漠中发现的文化遗址实在是太多了，光是中国的巴丹吉林沙漠里就曾同时发现了6处古代遗址。沙漠，俨然就是文化遗址的聚集地。沙漠遗址的发现常常伴随着青铜、玉石、彩陶等大量文物的出土，它们既是沙漠曾经辉煌一时的最好佐证，也是沙漠留给后人最宝贵的文化资源。

"工业的粮食"——煤

煤在古代被称作"黑石",中国是世界上最早将煤作为燃料的国家,大约在3000多年前,中国人就已经学会了开采煤矿,并用其取暖、烧水、煮饭。到了汉唐时期,中国统治者还专门建立了手工煤炭业,使煤在冶炼金属方面得到了广泛地应用。在这个时期,世界上的大多数国家对煤的研究和利用还很少。

守护土地

6.为什么说湿地是"地球之肾"

提起湿地，许多人都会觉得离我们很遥远，其实，它只是常常被我们忽略罢了。那么，什么是湿地呢？湿地是指不论天然或人工，长久或暂时存在的沼泽地、湿原、泥炭地以及水域地，是具有或静止、或流动、或淡水、或咸水的水域，也包括水面低潮时水深低于六米的水域。

湿地是水陆相互作用而形成的独特的生态系统，是世界上最具生产力和人类最重要的生存环境之一，关系着人类的生存、繁衍和发展，它不但为人类提供多种生产和生活资源，还对环境保护具有不可代替的作用，如抵御洪水、蓄洪防旱、降解污染、调节气候、促淤造陆等。因此，湿地常被人们称为"地球之肾"，与森林、海洋并称为全球三大生态系统，是地球的天然水库和天然物种库。

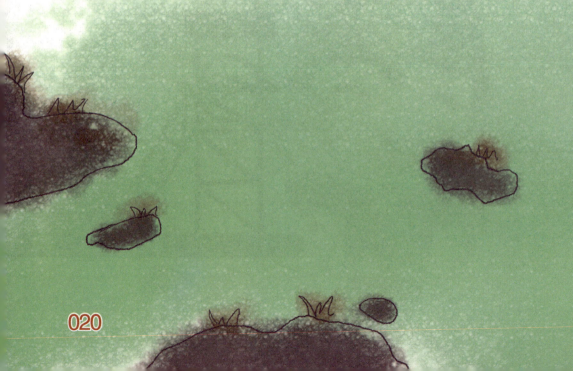

据资料统计，目前全世界湿地总面积为5.14亿公顷，而加拿大的湿地面积居世界之首，大约为1.27亿公顷，占全球湿地面积的24%；美国湿地面积为1.11亿公顷，紧跟其后的是俄罗斯；中国湿地面积约为6594万公顷，排在全球第四位、亚洲第一位。

　　湿地不但是生命和文明的摇篮，还有巨大的直接和间接利用价值。湿地的直接利用价值主要表现在水资源方面，湿地中拥有丰富的湿地物产，如鱼、虾、贝、藻类、莲藕、芦苇等；还有湿地矿产和能源，如泥炭、石油等。

　　1997年，英国《自然》杂志上曾发表文章，认为全球生态系统总价值为33万亿美元，而其中全球湿地生态系统占45%，估价为14.9万亿美元。2002年，瑞士一家名为"拉姆沙研究会"的研究机构也认为，全球湿地总价值大约为15亿美元。

守护土地

正是由于湿地的巨大价值和重要生态作用，国外对湿地的保护特别严格，尤其是对破坏湿地的行为实行了严格的处罚。其中有一个比较典型的案例：英国汉普郡有个名叫查理德·麦罗特的亿万富翁，这位富翁曾在2002年9月将温尼帕苏科湖船库私自改建，破坏了湿地。按照汉普郡当地的法律，温尼帕苏科湖一带72平方英里的湖面属于公共旅游景区，大部分区域都受郡县保护，所以最后这位富翁不得不为其破坏的湿地缴纳20万美元罚款。这一事件在当时造成了不小的轰动，这20万美元的罚款也是汉普郡最大的一笔平民罚金。

如今，在人口数量急速增加和快速发展经济双重压力下，湿地面积正在不断减少，尤其是20世纪中后期，全世界有大量的湿地被改造成农田，加之人类过度地开垦资源和制造污染，湿地物种和湿地环境都遭受到了严重的破坏。联合国在2000年的一项报告里指出，伊拉克90%的自然湿地已经消失，而阿富汗和伊朗99%的湿地都干涸了，这些国家湿地消失最主要的原因是对河流大坝的管理和灌溉计划的失调。

人类之所以称湿地为"地球之肾"，就是因为看到了它的无价，如果地球失去了湿地，人类灭亡也是迟早之事，所以保护湿地也就显得格外重要。为此，1971年世界各国在伊朗的拉姆萨尔签署了全球第一个以保护水栖息地为目的的环境公约——《湿地公约》，截止到2014年1月，该公约已经有168个缔约国，世界上有217块湿地被列入了《国际重要湿地名录》。目前，我国已有46块湿地分七批列入该名录。

泥炭——湿地里"长"出燃料

泥炭又称为草炭或者泥煤，是几千年形成的天然沼泽地产物。它是煤化程度最低的煤，是煤最原始的状态，具有无菌、无毒、无污染、通气性能好等特点。在英国苏格兰，泥炭被大量用于烘烤苏格兰威士忌制作过程中已发芽大麦，使用泥炭烘干的大麦具有独特的烟熏味，已经成为苏格兰威士忌的特色风味，被人们称为"泥炭度"。

守护土地

7.盐碱地也能变绿洲

你们知道吗，世界上有一种特别奇特的土地，它的土壤里含有大量的盐碱，不适合一般农作物的生长，只能生长少数耐盐植物，这样的土地人们通常称它为"盐碱地"。

据史料记载，很久以前人类就在农业生产过程中注意到了盐碱地，而世界上最早见诸文字的国家是伊拉克，公元前2400年，伊拉克当地就有了关于对盐碱地分类和形状描述的记录。

相传在中国，公元前2200年大禹治水时期，曾通过沟渠排灌网对盐碱地进行了改良，之后大禹还在《禹贡》一书中对盐碱土进行了分类和详细描述。由此可以说明，盐碱地是与人类生产活动息息相关的。

盐碱地的形成原因有许多，不受人为影响、自然发生的土壤盐碱化为原生盐碱化，而由人类活动造成的土壤盐渍化为次生盐渍化，如灌溉不当、砍伐森林、海水入侵等造成的土质改变。

据联合国科教文组织和粮农组织的不完全统计，全球盐碱地总面积约9.4亿公顷，主要分布在寒带、温带至热带的各个地区，从美洲、欧洲、亚洲至澳大利亚，盐碱地几乎遍及了地球上的各个大陆及亚大陆地区，其中仅中国就有9 913万公顷的盐碱地。

以前，盐碱地是人们眼中的不毛之地，因为盐碱地中不仅有大量有害成分，其过高的盐碱量还会破坏土壤结构，造成农作物的萎蔫、中毒、烂根以及死亡。所以，在很长的一段时间里，盐碱地都是遭人嫌弃的。如今，经过科学家们不断的研究和改良，全球已经有越来越多的盐碱地被"复活"了，在这些盐碱地上处处是一派生机勃勃之景，绿油油的庄家茁壮成长着，放眼望去就像一片绿洲，而越来越多的人们从盐碱地中获得了收益，并开始对盐碱地有了新的认识。

　　在人口、粮食、土地矛盾日益加剧的今天，改良盐碱地，并使其成为可以被人类利用的土地资源已经势在必行。然而，在盐碱地改良的道路上却充满了荆棘，全世界无数的科学家们夜以继日地进行着各种研究，最终提出了一个伟大的构想，那就是培育盐生植物以拯救盐碱地。

　　澳大利亚是全世界开展盐碱地治理工作最早的国家。澳大利亚主要将盐生灌木种植作为切入点，通过采取长期生物降水排盐、跟进发展畜牧业生产、保持休耕与免耕的合理轮作以及培肥地力等一系列盐碱地改良措施，并引进了相关先进的可持续发展的现代理念，如保护性耕作、环境保护、生态修复等，使得澳大利亚的盐碱地改良和利用逐渐走上了可持续发展的轨道。同时，该国的科学家还对植物的耐盐、耐旱等机理进行详细而深入地研究，为小麦的耐盐耐旱品种选育、基因克隆等方面做出了巨大贡献。

　　除了澳大利亚，美国、印度、以色列等国也都进行了对盐生植物的培育选种，确定了若干有潜力的盐生植物，如滨藜科、藜木科等盐生植物。而在中国，盐生植物种类也十分多样，大约有上百种，最常见的有盐蒿、海蓬子、

守护土地

菊芋、大米草等。假如人们将这些野生盐生植物通过培育引进栽植，不但能充分利用盐碱地，还能获得可观的经济效益。

　　然而，在盐碱地种植盐生植物并不是件容易的事情，因为盐生植物比较"脆弱"，它的种子大多数非常小，有的甚至比芝麻还小，种子产量又很低，所以种植起来极其麻烦。

　　不过，人类天生就具有认识和改造世界的精神和智慧，尽管人类在培育盐生植物的过程中遇到了诸多困难，但也有不少成功案例。目前，在改良盐碱地，引种盐生植物这一领域里，中国走在了世界前列。尤其是山东东营更是成为盐碱地绿化的标杆。

以前到过东营的人都对当地寸草不生的大片盐碱地留下了深刻印象，而如今东营的土地上到处都可见农作物的身影——大花芙蓉葵、菊芋、养心菜、金银花、金叶菇、澳大利亚的长穗偃麦草、德国的景天……在这里，盐碱地里长出了许多"吃"盐的植物，它们共同演绎了一段把不毛之地变绿洲的绿色传奇。

盐碱地虽然有其不利的一面，但它依然是一种很宝贵的土地资源，尤其在科学技术迅速发展的今天，我们更应该看到它有利的一面，即使它不适宜一般的农作物生长，但却有许多盐生植物和微生物适应这一环境，只要人们在这些盐碱地种上适应盐碱的植物，就能让盐碱地变成绿洲，为生活在当地的人们带去生活的新希望。

资源
百宝箱

菊芋——盐碱地里的"吸盐机"

菊芋，又叫洋姜，是一种很皮实的植物，它对土质要求很低，在许多地方都能生长，其块茎经常被腌制成美味爽口的酱菜。普通的菊芋能在微盐碱地里生长，但这里说的可不是普通菊芋，而是科学家改良和培育出的一种新的菊芋——耐盐菊芋。这种菊芋就像是一台小型吸盐机，一年下来，能从每亩盐碱地里吸出二三百千克的盐分。因其显著的吸盐功力，也让菊芋成为盐碱地区种植最为广泛的盐生植物之一。

守护土地

8.土壤——地球"活"的皮肤

　　土壤是什么？土壤是植物赖以生长的松散的粉粒状的泥土，是由岩石的细微颗粒以及植物和动物的腐殖质构成的。简单来讲，土壤是全世界所有生物重要的栖息地，是人类生存和发展的物质基础。

　　虽然地球表面3/4被海水覆盖着，土壤只占很小的比例，但如果地球上没有了土壤，人类将无法生存，植物会枯萎，寄生在土壤里的微生物以及我们熟悉的蚯蚓、蚂蚁和白蚁等动物也会因无法得到食物而走向灭绝，地球将会变得像火星一样荒凉。

　　我们都知道，人活着就必须要呼吸，如果人没有了呼吸，那生命也就走到了尽头。人的呼吸离不开氧气，只有从空气中源源不断地获得氧气，排出二氧化碳，人体才能维持正常的新陈代谢。但你知道土壤也有呼吸吗？土壤的呼吸又与我们的生活环境有着怎样紧密的联系呢？

　　土壤的呼吸与人的呼吸一样，都是释放二氧化碳的过程。土壤呼吸既是衡量土壤质量和肥力的重要指标，也是反映生态系统受环境变化影响的一面镜子。同时，土壤呼吸还为植物提供了大量的光合作用原料——二氧化碳。

碳是地球生命的基础，且广泛存在于大气、地壳、生物中。地球上各个系统储碳的部分被称作为碳库，主要有地质碳库、海洋碳库、土壤碳库以及生态系统碳库等。而各系统碳库对大气中二氧化碳的贡献不同，它们有的是向大气中排放二氧化碳，有的则是吸收大气中的二氧化碳。

在陆地生物系统中，不但有释放二氧化碳的呼吸过程，如土壤中微生物的呼吸、作物根系的呼吸以及土壤动物的呼吸。植物是二氧化碳最忠实的爱好者，在光合作用下它会吸收大量的二氧化碳，同时向大气中释放氧气，供给地球上的人类及其他生物呼吸，如此周而复始，永不停息。

土壤的呼吸不仅会释放大量生命元素，还会影响气温变化。近年来，全球气候变暖，许多冰川都出现了不同程度的消融，而这都是温室效应惹的祸。有人推测，如果温室效应持续下去，到21世纪中叶，地球上的冰川将会融化一大半，造成海洋水位上升，甚至淹没大量的沿海城市。

地球产生温室效应的根源是大气中二氧化碳过量，因为二氧化碳的另一个身份——最主要的温室气体之一。所谓温室气体，顾名思义就是大气中对地球具有保温作用的气体，而一旦大气中的二氧化碳浓度超标，就会使全球气温升高，会造成干旱或旱涝不均等自然灾害，导致地面植物死亡、土地沙漠化加剧、空气质量下降等。

不过，也有学者指出，大气中二氧化碳浓度增加也有有利的一面，如二氧化碳浓度增加可以使植物获得更多的"肥料"，可以提高植物的生产力和水分利用率。然而，这一切必须有个前提——植物还活着！

二氧化碳本身是没有错的，错的是人类，人类对大自然的过度开发破坏了土壤的生态平衡。人类肆意地在森林里乱砍滥伐，将森林变成了荒地，让吸收二氧化碳的树木消失了，让土壤赤裸裸地暴露在阳光之下，一个原本平衡的碳氧体系被扰乱了，土壤中释放出的二氧化碳无处安放，最终只能全部排放到大气之中，长此以往，大气中的二氧化碳越来越多，温室效应也愈加明显。

人们将土壤称为"地球活的皮肤"，土壤对生态环境的平衡有着至关重要的作用。试想一下，如果土壤被污染了，土壤中的微生物和小动物就会被杀死，而生长在上面的植物也会生病甚至死亡，失去了植物保护的土壤会流失，会释放更多的二氧化碳，而氧气则会越来越少，空气会越来越浑浊，到了那时人类还能生存吗？

资源
百宝箱

土壤中的"生态系统工程师"——蚯蚓

蚯蚓普遍地存在于森林、草地花园和农田等相对潮湿的土壤中。它在生态系统中扮演着多种角色，既是"消费者"，也是"工作者"。它通过取食、消化、排泄、分泌以及掘穴等活动为土壤的物质循环和能量传递作贡献，能对多个决定土壤肥力的过程产生重要影响，被称作是土壤中的"生态系统工程师"。

9.绚丽多彩的土壤家族

　　土壤是美妙而绚丽的，不论是观察土壤表面还是土壤内部，或者利用土壤，我们都会发现地球表面的这层皮肤并不是一成不变的"死板"，它其实比我们想象得更加丰富多彩。土壤是个大家族，全世界都有它们的身影，它们种类繁多，细数起来，各种土壤的分布情况如下。

　　（1）亚欧大陆是地球上最大的大陆，山地土壤占33%。其中，灰化土和荒漠土分别占16%和15%，而黑钙土和栗钙土占13%。在大陆内部自北向南的土壤类型依次为冰沼土、灰化土、灰色森林土、黑钙土、栗钙土、棕钙土、荒漠土、高寒土、红壤以及砖红壤等；在大陆西岸自北向南为冰沼土、灰化土、棕壤、褐土、荒漠土；大陆东岸自北向南依次为冰沼土、灰化土、棕壤、红黄壤、砖红壤。

　　（2）北美洲灰化土居多，大约占了23%。北美大陆西半部自东向西的土壤类型依次是湿草原土、黑钙土、栗钙土、荒漠土；在北美大陆东半部自北向南依次为冰沼土、灰化土、棕壤、红黄壤；而在南回归线以南的地区，自东向西依次可分为红黄壤、变性土、灰褐土、灰钙土，再往南则为棕色荒漠土；安第斯山以西地区自北向南的土壤类型则依次分为砖红壤、红褐土、荒漠土、褐土、棕壤。

　　（3）非洲主要以荒漠土和砖红壤、红壤居多，其中荒漠土占37%，后两者占29%。自中部低纬度地区向南北两侧成对称纬度地带性分布，依次可分为砖红壤、红壤、红棕壤和红褐土、荒漠土，至大陆南北两端则为褐土和棕壤。

　　（4）澳大利亚是世界上唯一一个独占整个大陆的国

守护土地

家，其土壤类型主要以荒漠土居多，占总陆地面积的44%，其次为砖红壤和红壤，占25%。土壤分布呈半环形，从北、东、南三方向内陆和西部依次分布热带灰化土、红壤和砖红壤、变性土和红棕壤、红褐土和灰钙土、荒漠土。

世界各地颜色绚丽的土壤是大自然造就的神奇之物，而土壤之所以会呈现出各种不同的颜色，主要是受土壤中的腐殖质含量、水分含量、暗色矿物（如氧化铁、氧化锰、黑云母等）含量、浅色矿物（如二氧化硅、氧化铝、碳酸钙等）含量的影响。换句话说，土壤颜色其实就是土壤中所含物质组成及其性质的反映。

了解和掌握土壤颜色是非常有用的学问，因为它是判断和研究成土环境、土壤类型及其肥力特征的重要依据。在这方面，中国古代劳动人民早就有了很深的认识。

在北京中山公园里有一方社稷坛，它建于永乐十八年，是明清两代皇帝祭祀土地、祈求五谷丰登的场所，坛面上铺着五种颜色的土壤，分别是：东青、南红、西白、北黑、中黄，以五行学说中的五色对应五方，被人们称为"五色土"。

青土代表中国东部，在排水不畅或长期被水淹没的情况下，红土壤中含有的氧化铁经常会被还原成浅蓝色的氧化亚铁，土壤颜色也会变成灰蓝色，这种土壤主要集中在中国东部地区。

黑土代表中国北部。黑土主要及集中在中国东北平原，该地区寒冷湿润，微生物活动较弱，土壤中有机物分解慢，积累较多，因而土色较黑。

红土代表中国南部。中国南方地区高温多雨，土壤中矿物质的风化作用强烈，分解彻底，使得易溶于水的矿物质几乎全部流失，只剩氧化铁和氧化铝等矿物质残留在土壤表层，形成了红色土壤。

白土代表中国西部。白土是一种含镁质黏土，多分布在西部地区。

黄土代表中国中部。中国黄土高原的土壤呈黄色，这是因为土壤中有机物含量较少的缘故。

到过北京的人几乎都去过中山公园，而去过中山公园的人，一定都曾见过这"五色土"。五色土寓含了全中国的疆土，是古代劳动人民对土地和五谷的崇拜，也象征土地和粮食是构成国家的基础。

资源百宝箱

黑土——最珍贵的土壤

所谓黑土，是指有机物质平均含量在3%~10%之间，特别有利于水稻、小麦、大豆、玉米等农作物生长的一种特殊土壤，主要分布在温带混交林地带。黑土是地球上最珍贵、最稀缺的土地资源。世界上总共有三块著名的黑土地：一块在美国的密西西比河流域；一块在欧洲第聂伯河畔的乌克兰；还有一块是在中国的松辽流域和三江平原。

守护土地

三 水土流失

万物土中生，水是生命之源，如果没有水土的恩泽，也就没有人类的生存和发展。对人类而言水土实在太重要了，但一直以来人类的许多行为却在不知不觉间破坏了人与自然和谐统一的局面，使得地球上原本就存在的水土流失速度加快，生态环境遭到严重破坏。迄今为止，世界土壤风蚀面积已达陆地面积的34%，水蚀面积已达31%，地球每年大约有600亿吨肥沃的表土被冲入海洋，照此下去，最终人类将彻底失去自己赖以生存的这片故土。

1.水土流失——全球首要环境问题

当前，全球水土流失日益加剧，随着人口过快增长和科学技术加速发展，人类对各种自然资源的需求量越来越大，而首当其冲的就是水土资源。然而，目前水土流失问题却日益严重，在人类社会发展过程中，人类的许多行为已经有意或无意地对水土资源造成了破坏。毫不夸张地说，水土流失已经成为全球首要环境问题。它正以惊人速度夺走肥沃的农田，从而危及全世界人类共同的粮仓。正如某位水土保持专家所言，若干年后，人类担心的水土流失也许就像今天担心石油缺乏一样。

所谓水土流失，是指人类对土地的利用，尤其是对水土资源不合理的开发和经营，造成土壤的覆盖物离开原来的位置，裸露的土壤遭受水力冲蚀，流失到较低的地方，再经过坡面、沟壑，汇集到江河河道内的现象。水土流失主要分为水力侵蚀、重力侵蚀、风力侵蚀三种类型，其具体情况如下：

（1）水力侵蚀。水力侵蚀分布最为广泛，它集中出现在山区、丘陵区以及一切有坡度的地面，一旦暴雨来袭都会产生水力侵蚀，其特点是借助地面运动的水将土壤冲走。

（2）重力侵蚀。重力侵蚀主要分布在山区、丘陵区的沟壑和陡坡上，当陡坡和沟壑的两岸沟壁其中一部分下方被流水蚀空，因为土壤本身所具有的重力作用，使其无法再保留在原来的位置，于是形成分散或成片地塌落。

（3）风力侵蚀。风力侵蚀主要集中出现在沙漠、沙地以及沿海沙地地带，其特点是借助风力扬起沙粒，使土壤随风漂浮到其他地方。

引起水土流失的原因是多方面的，自然运动和人类活动都会造成水土流失。尤其当地表出现液态水后，就会产生水土流失现象，其中，冰川和河流的运动是导致水土流失的直接原因。如今，地球表面无数的沟壑峡谷就是由于水的侵蚀作用造成的。如果单从这一角度来看，水土流失其实只是一种常见的自然现象。在不受外界压力作用下的自然水土流失过程实际上是非常缓慢的，而那些壮观的沟壑峡谷也都需要经过亿万年的演变才会渐渐形成。然而，人类的乱砍滥伐等行为却能导致水土流失的速度加快，甚至短短的几天或者几个月内就能让数百年形成的土地流失掉。由此可见，地球上发生的灾难性水土流失现象与人类的活动有着千丝万缕的关系。

守护土地

　　水土流失的危害性很大，它已经成为当今世界上的一大公害，对人类生存环境的破坏更是毁灭性的和难以逆转的。

　　水土流失的影响范围却是极其广泛的。首先最直接的是它会破坏土壤资源，导致耕地面积锐减。其次，流失的泥沙进入江河、湖泊和水库，会形成大量淤积，从而给相关联的地表径流造成一系列严重后果。最典型的例子是中国的黄河流域，大量的泥沙堆积造成黄河下游河段的部分河床高出河流两岸的地表，形成地上悬河。而在黄土高原地区，许多地方沟壑每年平均前进3米左右，地面被切割得四分五裂，从高处向下看，当地有一半左右的地面都变成了沟壑。

　　水土流失已经成为农业发展、人类繁衍和生存的一大障碍。如果人类再不对此重视起来，任由其发展下去，并继续乱砍滥伐，破坏森林，会进一步加速水土流失，则极有可能在以后的20年里，全球将会有1/5的耕地表土流失，1/3的耕地成为沙漠，而目前总共拥有的500万种动植物中将会有100万种从地球上永远消失。看到这些数据，你们害怕吗？如果不想有一天让人类赖以生存的这片土地变得千疮百孔，荒凉可怖，那么从现在开始就要好好爱护我们共同的家园，保护这片土地！

世界上最深的峡谷——雅鲁藏布大峡谷

位于中国西藏雅鲁藏布江下游的雅鲁藏布大峡谷已被科学家证实是地球上最深的峡谷。在雅鲁藏布大峡谷核心河段的峡谷河床上，分布着罕见的大瀑布群，其中一些主体瀑布落差都在30～50米。大峡谷占据了从高山冰雪带至河谷热带季雨林等9个垂直自然带，聚集了多种生物资源，包括青藏高原已知高等植物种类的2/3，已知哺乳动物的1/2，已知昆虫的4/5，以及中国已知真菌的3/5，因此，雅鲁藏布大峡谷堪称"世界植物类型博物馆"和"动物王国"。

守护土地

2.旱灾威胁着全球三分之一的陆地

在人类目前所遭受的自然灾害中，旱灾几乎占了半壁江山。近年来，旱灾频频发生，在各大新闻报纸上最常出现的标题就是某地遭遇"60年不遇"或"百年不遇"的旱情，足见旱灾的严重程度。

旱灾不像洪水、风灾、地震等灾害那样来得迅急，它的形成过程比较缓慢，因而需要人类长期应对。翻开世界地图，不难看出全球干旱地区主要集中在亚洲大陆、澳大利亚大陆、非洲大陆以及北美洲西部和南美西部，大约占陆地总面积的35%，全世界有超过120个国家和地区每年都会遭受旱灾不同程度的威胁。

20世纪持续时间最长、波及范围最广、影响最为严重的一次旱灾，始于1968年，出现在非洲撒哈拉沙漠地带，持续了将近30年。中国也是旱灾频繁发生的国家之一，在历代史书、地方志、宫廷档案、碑文、刻记中都有相关记载，公元前206年-公元1949年期间，中国共发生旱灾1 056次。

需要我们注意的是，旱灾与干旱虽仅有一字之差，却并非同一个意思，因此不是所有的干旱都能引起旱灾。

水循环的一个主要作用就是调节地表不同区域内的水分总量，但因受各区域地质环境、植被覆盖、人类活动和气候变化等因素的影响，各区域地表降水量和蒸发量并不平均，甚至部分地区差异颇大。当某段时期内降水量比常年同期明显偏少时，称为干旱。

干旱是全球影响区域最广、发生最频繁的自然灾害，但干旱的程度各有差别，发生的区域也各不相同，一直以来，人们习惯用各种经济指标来衡量干旱程度，将由于水资源不足而造成经济损失的干旱称作旱灾。

　　旱灾是世界上最常见的自然灾害之一，而长期以来最受旱灾困扰的是农业灌溉，所以旱灾又被称作是农业生产的头号"杀手"。

旱灾既是天灾，更是人祸。旱灾的发生虽然离不开自然因素，但这只是客观因素。人类一味追求经济利益、肆意开采矿产资源，导致水土流失严重，甚至许多地方出现了土地石漠化，生态水土地质环境遭到了巨大的破坏，加上水利水保工程设施匮乏和年久失修，这些都是旱灾的直接诱因。

人类对森林的乱砍滥伐是导致天然植被蓄水保土功能减弱的主因。树木植被具有涵养水源和保持水土的功能，一旦树木被人类砍伐，裸露在地表的土壤会在水蚀、风蚀的作用下逐渐变薄，土壤涵养水分的功能降低，引起水土流失和石漠化现象，使土地抗旱能力降低，一旦缺乏充足的降水就会造成局地干旱，如果旱情严重则会演变为旱灾。

人类真正与旱灾进行"全球性"对抗要追溯到20世纪70年代。1972年，联合国召开了第一次人类与环境大会，之后不久就成立了联合国环境规划署（UNEP），并首次将总部设在发展中国家——非洲的肯尼亚，其主要职能就包括抗旱。然而，旱灾就像是一把扼住世界各国喉咙的巨手，一旦被它盯上就很难有喘息的机会。

20世纪30年代，刚从经济危机中走出来的美国还没来得及喘口气就又经历了一场世纪大旱，全国2/3的地区都受到了影响，持续的高温和乱垦滥伐造成大面积土壤风化并形成了沙尘暴。这次大旱被称为"尘盆"，波及美国31个州，历时长达8年之久，被称为"黑色风暴"的沙尘暴甚至遮蔽太阳数日。这次严重的旱灾造成了大量美国人、牲畜和动物的死亡，农作物大部分颗粒无收，粮价暴涨，对本来就处于经济大萧条的美国造成了重创，至今许多美国人提起30年代的"尘盆"旱灾都会为之变色。

此外，东亚的朝鲜和韩国也是受干旱困扰的国家，我们经常可以听到媒体报道朝鲜由于旱灾而导致粮食短缺的消息；中亚既是传统上的水资源贫乏地区，也是旱灾多发地，哈萨克斯坦平均3年中就有2年面临干旱地威胁。

有国外研究机构发表文章称，世界上1/3的土地正面临旱灾的危胁，旱灾，已经成为扼住世界经济命脉和人类生存繁衍的头号"杀手"。

资源 百宝箱

旱灾所引发的次生灾害

随着旱情的逐渐加重，一些伴生的次生灾害也会出现，其中最主要的次生灾害是火灾，因为长期的干旱无雨，天气干燥以及吸烟、烧荒、祭扫等行为会增加火灾发生的频率，同时在阳光的暴晒下树干会有油脂分泌，也容易引起火灾。

守护土地

3.汹涌而来的洪灾

每到夏季，洪水经常肆虐全球，世界各地发生洪水灾害的消息更是屡见报端，汹涌而来的洪水给世界各国都造成了巨大的经济损失，给近年来本就不太景气的全球经济蒙上了一层阴影。

洪水是无情而残酷的，它的每一次来袭都会夺走无数鲜活的生命。联合国环境规划署在2012年6月发布的《全球环境展望》报告中指出，从20世纪80年代至21世纪初，全球洪灾数量增加了230%，而洪灾受灾人数增加了114%。仅在短短的数十年间，全球洪灾数量和受灾人数增长幅度如此巨大，使世界各国为减少洪灾造成的经济损失面临更加严峻的挑战。

洪灾给人类带来的灾难至今记忆犹新，在20世纪全球曾爆发过多次严重的洪灾，如1913年美国洪灾。这年3月，一场强暴雨使美国河水上涨，冲毁河堤，淹没了伊利诺伊州、印第安纳州、俄亥俄州的大片土地，使代顿、米德尔根、哈密尔顿、皮奎、齐尼亚等城市居民生命及财产损失严重，据说有千余人丧生，万余人失踪，经济损失超过5 000万美元，这场洪灾几乎淹没了半个美国。1987年孟加拉国洪灾是孟加拉国经历的有史以来最大的一次水灾，在短短两个月里，孟加拉国的64个县中就有47个县遭到洪水和暴雨的袭击，造成2 000多人死亡，2.5万头牲畜被淹死，200多万吨粮食被毁，

20 000千米道路及772座桥梁和涵洞被冲毁，数千间房屋倒塌，大片农田被淹没，受灾人数高达2 000万人……

无情的洪灾带给人类的灾难不计其数，它一次次袭击着世界各国，加诸在各国身上的不仅有巨大的经济损失，更有无数鲜活的生命葬身洪水中，这对于各国来说，无疑是一种折磨，更是一种警示。

汹涌的洪灾就像是一位脾气暴躁的怪人，一旦哪个国家沾上了它，这个国家势必会遭殃。然而，洪灾也并非天生就爱欺负人类，尽管它确实属于自然灾害的一种，比如超常降雨会导致洪涝灾害，但若从根本上来讲还要归因于水土流失。因为水土流失会携带大量泥沙进入河流、湖泊和水库，削弱河床泄洪和湖库调蓄能力，增加洪灾发生的几率，而水土流失常常是与人类活动密切相关的。

一般来说，在全世界任何一个地方，大雨过后都有可能发生洪水。洪水的形式多种多样，一场小规模的山洪，也有可能淹没整片农田房屋。引起洪灾的原因主要可以分为气候因素和人为因素，其中气候因素包括强雷暴、龙卷风、热带和亚热带气旋、季风、冰塞或融雪等，而在沿海一带，由热带气旋而产生的风暴潮、海啸以及异常大潮导致的河水上涨

守护土地

也有可能引发洪水。

洪涝灾害对生命和财产造成的损失已经成为世界各国所关注的一大隐患，在20世纪的最后10年里，全世界约有15亿人遭受洪灾的影响。洪灾的危害主要包括以下四个方面。

（1）破坏环境，经济受重挫。汹涌的洪水摧毁无数农田、房舍和洼地，迫使灾区民众大规模的迁移；各种生物群落也因洪水的袭击而流离失所，导致群落结构的改变和栖息地的变迁，从而打破原有的生态平衡。

（2）水源污染。洪灾会造成地区供水设施和污水排放设施的破坏，例如厕所、垃圾堆、禽畜棚舍里的污染源被淹没后会流入井水和自来水中，引起水源污染。

（3）食品污染。洪灾期间，食品污染的途径和来源十分广泛，对食品生产行业的各个环节都会造成不利的影响，严重时甚至会导致较大范围的食物中毒事件和食源性疾病的暴发。

（4）传染病流行。洪水会淹没一些传染病的疫源地，使啮齿类动物及其他疾病的病原宿主进行迁移和扩大，一方面使传染源转移到非疫区，另一方面使易感人群进入扩散的疫区，这种人群的迁移极易引起某些疾病的流行。

洪灾是一种极端的自然灾害，它的发生与气候变暖的大背景紧密相连，但人类对地球的过度开发而导致的水土流失也是最近几年来极端气候事件不断增多的主要原因。一方面人口的增长，使粮食和自然资源的需求等增加，在生产力水平不高的情况下，许多地区对土地实行掠夺性开垦，片面强调粮食产量，忽略了因地制宜的农林牧综合开发，将原本只适宜林、牧业利用的土地也开辟为农田，肆意开垦陡坡，使陡坡越开越贫瘠，越贫瘠越开垦，生态系统遭到破坏，逐渐形成了一种恶性循环；另一方面人们对森林、草坪的乱砍乱挖，使得植被锐减，造成地表土壤裸露，进一步加剧了水土流失，从而导致洪灾频繁发生。

资源
百宝箱

草地的抗洪作用超过森林

草本植物是保持水土和防风固沙的"卫士"，研究表明，草地对减少地表径流具有显著作用，其抗洪效果也远远超过森林。种植草地的坡地与不种草地的坡地相比，地表径流量可减少47%。

守护土地

4.惊现世界各地的"天坑"

我们脚下的大地看上去十分坚固，但也许在不经意的时候，它就会张开贪婪的大嘴，将地面上的人、车等一切物体吞噬，例如最近几年世界各地惊现的一个个巨大的"天坑"，已经造成了多起严重的事故。

于是，有人猜测是不是世界末日真的要来了？其实，所谓的这些"天坑"是一种地面沉降现象，又称为地陷。地陷在世界各地并不少见，它是指在人类活动影响下，由于地下松散、地层结构压缩，导致地壳表面降低的一种局部的下降运动。

引起地陷的原因有很多种，虽然某些自然因素也会造成地陷，但人为因素是最主要的。比如，地下水、石油、天然气、地热等资源的过度开采，致使土层结构破坏，加剧水土流失，而城市建筑及重大工程地频繁建造也会使土体逐渐变形，当遭遇极端天气时，地质灾害就会频发。

事实上，地陷的形成与水有着更直接的关系，主要分为两种：一是水的侵蚀作用，地下岩石层存在一些裂痕，当地下水在地层中流动时，会不断冲刷岩石和土壤，在这一过程中，地层会被一点点侵蚀，岩石和土壤的小颗粒会被流水冲走，并逐渐在地底下形成一个空洞，洞上方的岩石和泥土会不断掉落下来，而水流会继续冲刷并带走这些物质，使得洞口不断变大，最终冲破地表；二是水的溶蚀作用，地下水在冲刷地下岩石和土壤的同时，还会溶解地下岩石，在冲刷和溶解的共同作用下逐渐形成地下空洞。

　　近年在中国各地也频现"天坑"灾害，因此有许多人担心这些地陷和地震有关联。事实并非如此，地陷大多都是水流作用的结果，虽然地陷往往在极短的时间内发生，但要在地底下形成一个洞却需要很长的时间，有很多地陷甚至在人类出现之前就形成了，只不过地表的坍塌只需短短的几分钟时间而已。

　　人类对地下水的过度开采，使得地陷现象频发，世界各国都深受其害。如休斯敦地区是美国地陷最严重的地区之一。20世纪70年代中期，工业的快速发展迫使休斯顿地下水开采量增加，很快在休斯敦航道沿线地区发现了约2米深的大坑。直到1975年休斯敦所在地区的德克萨斯州议会成立地陷管理机构，地下水开采量才逐渐下降，有效阻止了当地地陷的继续蔓延。

　　建在湖床之上的墨西哥城，因其湖床土质松软，本身就容易发生地陷。20世纪初，墨西哥城内人口急剧膨胀，对水资源需求日益增加，由于其地表水资源十分有限，只能借助开采地下水才能满足墨西哥城70%以上居民用水。据统计，大约每秒钟墨西哥城就要抽取一万升的地下水来满足居民的用水需求。在整整一个世纪里，墨西哥城内地表下陷了大约9.14米。严重的地陷致使墨西哥城内的部分排污管道发生了倾斜变形，导致污水淤积，同时还对城内建筑物、机场、铁路、高速公路等公共设施造成了严重的影响。尽管目前墨西

哥政府已经认识到地陷的危害，并启动了一系列补救措施，但也只能减缓地陷的进一步发展。据专家预测，墨西哥城未来地陷的面积可控制在300千米²内，沉降速度则能控制在每年5厘米以内。

虽然地陷与地震之间没有必然的关系，但有时它却能给人类造成巨大的危害，最典型的一个例子是危地马拉发生地陷时曾将一家服装厂"生吞"了进去。因此，人类绝不能轻视地陷，尽管它的形成过程很缓慢，却依然需要引起我们足够的重视。

大石围天坑——世界上最大的天坑

位于中国广西乐业县的大石围天坑是目前世界上最大的天坑，其东西走向长600多米，南北走向宽420米，垂直深度613米。底部有人类从未涉足过的地下原始森林，面积约9.6万米²，是全球最大的地下原始森林，林中树木粗壮、高耸，许多酸枣树要三人合抱才能完全围拢，森林中还青苔遍布，灌木丛生，有许多世界珍稀动植物。

5.暴雨对土壤的危害

　　暴雨是夏季最为常见的一种极端天气，它是指大气中降落到地面的水量每日达到50～100毫米的降雨，暴雨经常伴随着大风。其中，降雨量每日超过100毫米的为大暴雨，超

过200毫米的为特大暴雨。全世界每年都会有许多国家遭受暴雨的袭击，并造成严重经济损失和人员伤亡。暴雨已经成为社会关注的焦点，成为全世界各国共同关心的问题。

暴雨形成的过程是相当复杂的，它与土壤有着最为紧密的联系。地面上的水分主要是由降雨产生的，当出现降雨时，一部分雨水会渗入到地面土壤中，另一部分无法渗入的就会形成地表径流，冲走地面的土粒，造成水土流失。因此当降雨强度较小时，所降雨水就能被土壤全部吸收，不产生地表径流，也就不会造成水土流失。但如果降雨强度较大，地面土壤无法完全吸收所有雨水，就会产生地表径流和水土流失现象。

因此，降雨是发生水土流失的动力，特别是来势凶猛、强度大、雨滴动能大的大暴雨。裸露的土壤在遭受雨滴的打击下，抗冲性较差的土体往往会被打得散碎，并与地面上溅起的分散雨滴一起飞向四方。在比较陡峭的斜坡上，即便在没有地表径流发生的情况下，雨滴也能导致土壤侵蚀。另外，被打得碎散的土粒会变得泥泞，或者随下渗水一起堵塞地表下面的孔隙，从而减弱土壤的渗水性能，引起地面径流的发生和加剧。在这一过程中，雨滴越大越多则对地表土壤的打击破坏作用就越强。

暴雨通常来得快，雨势又凶猛，特别是大范围持续性暴雨和集中的特大暴雨，不仅使工农业生产受阻，还会威胁人民的生命安全，造成巨大的经济损失。中国历史上发生的洪涝灾害，大部分是由暴雨造成的，例如1954年的长江流域大洪涝灾害。

不过，暴雨也并非完全一无是处，它既有危害人类的一面，也有造福人类的一面。在大多数情况下，适量的暴雨利大于弊，尤其是在久旱时，一场暴雨会立刻将旱情解除。在城市用水日趋紧张的今天，人们更是渴盼暴雨给水库蓄水。当然，我们也不能因此而忽视对暴雨的防范，毕竟暴雨带给人类的灾难是有目共睹的。

守护土地

暴雨会让土壤质量退化

　　暴雨，尤其是连续多日的特大暴雨会加速地表的水土流失，暴雨冲刷形成的泥沙是营养盐氮、磷、重金属及其他物质的主要携带者，是造成水体富营养化的主要原因。而水土流失会导致氮、磷这些养分流失，从而引起土壤质量退化。

6.为何泥石流被称为 "滚动的搅拌机"

水土流失的表现形式有多种，其中泥石流是最为严重的一种表现形式。它是指在山区或者其他沟谷深壑、地形险峻的地区，由于暴雨、融雪或其他因素引发的山体滑坡，同时携带有大量泥沙以及石块的一种特殊的洪流。

泥石流的破坏力惊人，甚至比洪水更令人生畏。如果人不小心被卷入其中，通常都会粉身碎骨。所以人们将泥石流称作"滚动的搅拌机"。

全球泥石流活动频繁，每年大大小小的泥石流灾害有上千起，造成的人员伤亡和经济损失难以估算。英国杜伦大学2012年发布的一项关于泥石流灾害的研究报告中明确指出，从2004年到2010年，全世界有超过32 000人在泥石流中丧生。

泥石流活动范围非常广泛，世界各大洲均有分布。泥石流活动频繁地区主要集中在阿尔卑斯—喜马拉雅山系、环太平洋山系、欧亚大陆内部褶断山，以及斯堪的纳维亚山脉等区域。据资料统计，全世界有超过60余个国家和地区都遭遇过泥石流的袭击。如俄罗斯、日本、中国、美国、奥地利、瑞士、秘鲁、海地、委内瑞拉、危地马拉、智利、澳大利亚、墨西哥、巴西等都是泥石流经常"光顾"的国家和地区。

泥石流的发生需要三个基本条件：地质条件、地貌条件、水源条件。其中，地质条件是泥石流形成的内因，主要包括地质构造和岩石的性质，一些岩石极易风化而破裂，为泥石流提供了大量的固体物质，为泥石流的形成提供物质条

守护土地

件；地貌条件主要是指地形倾斜度一旦大于15°就可能引起泥石流，且倾斜度越大，泥石流发生的可能性就越大，造成的损失也越大；而水源条件则是泥石流形成中最不可少的一项条件，主要是暴雨和融雪所产生的洪水，水流流量和流速越大，泥石流的破坏力也就越大。

泥石流具有突然暴发、来势凶猛、迅速的特点，并伴随着崩塌、滑坡和洪水等灾害，在多重灾害的作用下使得泥石流的危害更为广泛和严重。泥石流发生时，最先受危害的是其下游的乡村和城镇，汹涌的泥石流会迅速摧毁房屋、工厂及其他场所设施，并淹没人畜、毁坏土地，甚至摧毁整个村落；其次受影响的是车站、铁路、公路，泥石流会摧毁路基、桥涵等设施，致使交通中断，甚至掀翻正在运行的火

车、汽车，造成重大伤亡事故。有时，泥石流会流入河道，导致河流改道。此外，泥石流还会冲毁水电站、引水渠道及矿厂，造成人员伤亡或停工停产，甚至使整座矿山报废，总之，泥石流会给人类的生产生活造成巨大的经济损失。

虽然泥石流形成的原因复杂，但因泥石流的形成需要一定的条件，所以是可以预防的。当泥石流发生时，高强度的水流连泥带石从高山上一路冲下来，冲击力非常大，破坏性极强。如果当地植被繁茂，树根扎得比较稳，就能有效阻挡泥石流。

然而，人类更应该意识到，泥石流灾害频发的根本原因实际上是来自于人类的活动。在工农业生产飞速发展的今天，人类对自然资源的开发强度和规模也在不断扩大。由于人类的一些活动违反了自然规律，如对自然资源不合理开发；乱垦滥伐使植被消失，导致山坡失去保护、土体疏松和冲沟形成，加剧了水土流失，从而破坏了山体的稳定性，导致崩塌、滑坡等地质灾害的发生，造成泥石流频发。

人类不合理的活动势必会引发大自然的报复，而泥石流就是其中之一。有个典型的例子，香港许多年来一直致力于修建大型工程和地面建筑，几乎每个工程都要劈山填海，

才能获得足够的建筑用地。但1972年的一场大暴雨，致使正在施工的挖掘现场突发滑坡，造成120人丧生于泥石流。可见，人类对大自然的过度开发会促使泥石流的频发。

资源
百宝箱

泥石流来临前有哪些预兆

　　泥石流来临前，通常会出现巨大的响声、沟槽断流和沟水变浑等现象。泥石流发生时，泥石流携带巨石撞击产生沉闷的声音，与机车、风雨、雷电、爆破等声音有明显区别。因此如果沟槽内断流和沟水变浑，一般是上游有滑坡活动进入沟床，或泥石流已发生并阻断沟槽，这是泥石流即将发生最明显的前兆。

7.滑坡和滑坡灾害对人类的危害

　　滑坡和泥石流就像一对好兄弟，一旦哪里爆发泥石流，哪里就会有滑坡。滑坡是一种自然现象，俗称"走山"、"垮山"或"地滑"，它是指斜坡上的土体或岩体遭到河流冲刷、地下水活动、雨水浸泡、地震及人为切坡等因素的影响，在重力作用下，沿着斜坡内的一个或多个软弱面产生整体向下滑移的现象。而在滑坡发生的过程中给当地的生命财产造成的损失被称作滑坡灾害。

　　世界上每年都会发生滑坡灾害，且发生频率呈逐年上升趋势，导致滑坡灾害频发的主因是人类对自然资源的不合理开采以及乱伐森林，破坏了地表土壤的稳定，同时城市化发展和土地的过度开发，使城市人口急剧增加，而一些传统意义上的城市边缘地带近几年也被人类逐渐开发，使得这些边缘地带也成为受滑坡灾害影响的地区。

　　当然，气候变化也是诱发滑坡灾害的主要因素之一，尤其是暴雨等极端天气的出现更容易造成山体的滑坡。可以说，全球范围内凡是有人类居住和活动的山岭地区，几乎都发生过滑坡，滑坡已经成为仅次于地震的第二大地质灾害。滑坡的高发区主要集中在欧洲、瑞典、挪威的斯堪的纳维亚半岛地区；法国东部、瑞士、澳大利亚和意大利北部的阿尔卑斯山地区；贯穿意大利全境的亚平宁山区以及英国大部分地区。此外，位于西太平洋第一岛链

守护土地

上的日本、中国台湾地区及青藏高原南边喜马拉雅地区的尼泊尔和印度北部则都是亚洲滑坡灾害的集中区域。

滑坡灾害来势凶猛、威力无比，远比洪水来得突然，也更加惨烈，因而造成的伤亡和损失也更为严重。到目前为止，在全球历史上发生过的滑坡灾害不计其数，最近几年更是滑坡灾害高发期，例如：2004年5月，伊斯帕尼奥拉岛上的滑坡和泥石流灾害造成海地和多米尼加共和国2 500多人死亡；2010年4月5日，巴西里约热内卢州连降暴雨，引发了严重的洪水和山体滑坡，灾害造成212人死亡，161人受伤，另有100多人失踪；2010年3月，乌干达发生严重山体滑坡灾害，造成400多人死亡和失踪；2014年3月22日上午，位于美国西雅图北部的斯诺霍米什县发生山体滑坡，造成至少24人死亡，176人失踪和数人受伤……

滑坡的危害十分广泛，有时带来的灾难甚至是毁灭性的，它最主要的危害是摧毁农田、房舍、伤害人畜、毁坏森林、道路及农业机械设施、水利水电设施等。尽管滑坡是一种突发的、破坏力极强的灾害，但在发生之前往往是有一些前兆的，因此滑坡灾害是可以预防的。我们无法改变引起滑坡的自然因素，但人类种种诱发滑坡发生的行为却是可以控制的，如保护山体斜坡，不乱挖乱建，不乱砍滥伐森林，不向危险斜坡上灌水，在开挖边坡的同时做好护坡抗滑工程等。

资源
百宝箱

新老滑坡的识别标志——醉汉林和马刀树

滑坡发生时，滑体上的树木朝滑动方向倾斜，称作"醉汉林"。之后，滑坡滑速十分缓慢，这个过程可持续数年至十多年，在停止滑动后，倾斜的树木树冠向上笔直生长，形成下部弯、上部挺直的树形，被称为"马刀树"。其中，醉汉林是新滑坡整体滑动缓慢的标志。假如滑坡下滑速度加快，滑体破裂，滑体上的树林会杂乱无章地倒在一起，难以形成醉汉林。而马刀树则是老滑坡的识别标志。假如斜坡上有马刀树存在，那么说明该斜坡在数年或数十年以前曾有过滑动，并且滑速相对较慢。

守护土地

8.土林——水土流失的"杰作"

想知道水土流失到一定程度会让我们生活的这片土地变成何种面貌吗？那就去中国云南的元谋盆地去看一看吧。在那里，有一大片如云母堆叠的"土林"，那一根根高耸的土柱都是水土流失的"艺术结晶"。

所谓土林，顾名思义，就是由土状堆积物塑造的、成群的柱状地形，因其远望如密林而得名。土林主要集中分布在中国云南元谋盆地和西藏的阿里扎达盆地。此外，云南的江川、双柏、南涧、四川的西昌、甘肃的天水以及新疆的叶城等地也有分布，但是从面积、观赏性、典型性和密集程度来说，都不能与元谋土林相提并论。

土林是最近几年人们才深入研究的一种独特的流水侵蚀地貌。这种奇特的自然地理现象是在极其特殊的地形结构、组成物质、构造运动、水文气候及土壤团力和水动力等综合因素的共同作用下，经过千百万年的时间才逐渐形成的。因此，并非所有的水土流失都能形成土林。

具体来说，土林的形成需要具备以下几个条件。

（1）半胶结及成岩度较高的沙砾石层，这是土林组成的物质成分。

（2）新构造运动既能为土林的形成提供流水侵蚀的势能，还能控制土林的发育走向。

（3）风化壳和铁质胶结砾层为土林提供多层保护。

（4）干燥的气候和匮乏的降雨量是土林发育的重要前提。

（5）急剧变化的生态环境会加速土林的形成。

如今土林已经成为世界一大奇观，但对于当地人而言它却是水土流失严重的写照，是人类对土地资源过度开发遭到了大自然的报复，比如元谋土林。据说170万年前的元谋境内不仅河流湖泊纵横密布，水草肥美，森林茂密，且气候温和，动物繁多，物产丰富，是人类祖先中国元谋人的繁衍生息之地。但再看如今的云南元谋又是何种面貌——一片红土地，植被稀少，地表被流水冲刷形成千沟万壑，就像一道道"梯田"。其间，密布层叠高耸着一片片土柱，远远望去，

守护土地

就像是大片茂密的森林。像这样的土林在元谋境内大约有50千米²，历史上曾经肥沃的土地如今再也无法耕种和居住，宝贵的土地资源成了一种"别样的自然景观"。

地处干热河谷地带的元谋县，水土流失程度居云南省首位。而造成这个结果除了自然因素外，罪魁祸首还是人类自己。在过去很长的一段时间里，当地人毁林开荒、陡坡耕种现象严重，同时又忽视了资源开发和耕地建设中的水土保持，最终导致植被减少，生态环境恶化，从而加剧了水土流失。经年累月下来，流失的是水土，留下的却是贫瘠，大量的土壤被侵蚀，使原来的土地只剩下岩石，于是土林在该县越来越多。

不可否认，峻峭挺拔、粗犷雄浑的土林所造就的神秘意境确实是绝佳的旅游之地。但同时我们更应该以此为戒，毕竟土林虽罕见，却也是人类破坏水土资源的"罪证"，值得全人类去反省深思。

资源
百宝箱

土林中的古格王国遗址

在西藏的扎达土林中，坐落着古格王国的遗址，古老的城堡被众多土林层层叠叠环抱其中，古老的城墙是用周围的土林的黏性土壤建筑而成，因此城堡的残垣断壁与周围土林浑然一体，让人难以分辨究竟何为城堡、何为土林。古格王国是在公元十世纪前后，由吐蕃王朝末代赞普朗达玛的重孙吉德尼玛衮在王朝崩溃后，逃到阿里扎达肥札不让区建立起来的。

9.崩塌——大山对人类的"警告"

冬去春来，万物复苏，花繁叶茂，鸟语花香，处处洋溢着春意。寒冷的冬天刚刚离去，不少人便背起了行囊前往郊外休闲放松。不过，大自然虽美丽，在户外活动的时候我们千万不能放松警惕，尤其是在登山游历山区风景时要注意保护好自己。因为平常看起来坚不可摧、牢不可破的大山也有可能在暴雨的冲刷之下变得不堪一击，看似牢固的巨石往往就在不经意间的一刹那轰然倒塌，而这就是崩塌灾害。

崩塌是岩、土体受到风化、剥蚀、地震以及人类活动等因素的影响，在重力的作用下，突然从陡峭的坡面向下坠落、翻滚的一种地质现象。其中，发生于岩体中的崩塌称作岩崩；发生于土体中的崩塌称作土崩；而发生于大范围山体中的崩塌称作山崩。

崩塌灾害具有典型的突发性和随机性，是一种危害广泛的地质灾害，每年全球都会发生数万起，在全球各类地质灾害中所占比例一直比较大。虽然这种灾害的突发性强，难以准确预报崩塌在何时何地会发生，但其具有显著的空间和时间分布规律还是给我们的防灾救灾工作提供了很好的指导意义。

守护土地

那么，崩塌通常会在什么情况下发生呢？在时间分布上大致有以下规律：

（1）降雨过程中或稍微滞后。特大暴雨、大暴雨或连续长时间降雨，这些都容易引发崩塌的发生。

（2）强烈地震中。主要指6级以上的强震，在强震过程中经常发生崩塌，但在地震之后却很少发生。

（3）翻挖坡脚中或滞后一段时间内。工程施工翻挖坡脚会让上部岩体失去稳定性，从而造成崩塌事故的发生，有时在施工阶段就会发生崩塌，但更多的是发生在施工之后的一段时间里。

（4）水库蓄水初期和河流洪峰期。在水库蓄水初期及河流洪峰期，库区和河流两岸的岩土体被浸泡软化，极易使上部岩体失去稳定性而导致崩塌。

（5）剧烈的机械振动和大爆破后。

崩塌，是大自然给予人类的警告，它是自然灾害中一种危害性极大的地质灾害类型。人类为了经济利益肆意地破坏山体，造成了严重的水土流失，使得各种自然灾害频频发生，而崩塌就是大山最激烈的反抗形式之一。崩塌的发生历时短暂，但强度很大，它能在极短的时间内造成房屋倒塌、建筑被毁及人畜伤亡等严重损失。因此，对于出门登山旅行的游客而言，更应该时刻防范可能发生的山体崩塌。这样，即便真的发生了崩塌，也能为外部救援争取到更多的时间。同时，人类应该停止对大自然的破坏，不要让本就伤痕累累的大山失去最后的支撑，否则只会增加崩塌发生的频率，最终受到伤害的是人类自己。

资源
百宝箱

为什么崩岗被称为"生态溃疡"

在崩塌灾害中有一种最为严重的土壤侵蚀类型，就是被人们称为"生态溃疡"的崩岗。崩岗是土壤侵蚀的极度形式和水土流失的极端状态，是沟蚀和重力侵蚀相结合的一种特殊形式。崩岗会将地面切割得支离破碎，从崩口流出的浑水中含有大量石砾等固体颗粒，且酸性极大，一旦流入稻田后会造成作物减产，严重时甚至会使水稻田完全被泥沙覆盖变成沙渍地或沙砾滩，使耕地变成无法被利用的废地。

守护土地

10.地震为什么会加剧水土流失

地震是一种让人闻之变色的可怕灾害，但其实绝大多数的地震都很小，只有灵敏的仪器才能观测到，而那些强烈的大地震主要发生在人迹罕见的山区。全球每年大约发生500万次地震，80%的地震集中分布在环太平洋地震带上，15%的地震集中分布在欧亚地震带上。

地震的危害很大，剧烈的振动会造成大量的山体松动，大面积的植物被破坏，使得本来就十分脆弱的地表下层更加不稳定，从而导致滑坡、泥石流等次生灾害发生，加剧水土流失，严重威胁到人类的生命财产安全。

自20世纪以来，全世界地震发生数量急剧上升。地震灾害逐年加重、死亡人数以10%至30%的幅度递增，经济损失以10倍甚至100倍的幅度增长。其中，城市地震灾害尤其是地震引发的次生灾害，如火灾等，也会造成重大的人员伤亡和财产损失。除此之外，一些震级较小的地震也会酿成损失偏重的地震灾害。

引起地震的原因很多，按照地震的成因，可以把地震分

为以下几种：

（1）构造地震。由于地下深处岩层错动、破裂所造成的地震被称作构造地震。这类地震发生最为频繁，约占全球地震的90%以上，破坏力也最大。

（2）火山地震。由于火山喷发，如岩浆活动、气体爆炸等造成的地震被称作火山地震。这类地震只在火山活动区才可能发生，仅占全世界地震的7%左右。

（3）塌陷地震。由于地下岩洞或矿井顶部塌陷而造成的地震被称作塌陷地震。这类地震的规模较小，次数也很少，通常只发生在溶洞密布的石灰岩地区或大规模地下开采的矿区。

（4）诱发地震。由于水库蓄水、油田注水等活动而引发的地震被称作诱发地震。这类地震往往只发生在水库库区或油田等特定地区。

（5）人工地震。由于地下核爆炸、炸药爆破等人为活动造成的地面振动被称作人工地震。一般来说，能量越大的活动引起人工地震的震级越大，但也受地质条件的影响，一次百万吨级的氢弹在花岗岩中爆炸所产生的地震效应相当于一个六级地震。

地震，是地球上所有自然灾害中给人类社会造成损失最大的一种地质灾害。破坏性地震，往往在没有什么预兆的情况下突然来临，大地震导致地裂房塌，甚至摧毁整座城市，而伴随而来的火灾、水灾、瘟疫等次生灾害更是雪上加霜。

守护土地

同时地震也会加剧水土流失，给自然生态环境带来了极大的灾难。

资源
百宝箱

世界最大地震带——环太平洋地震带

世界上最大的地震带是环太平洋地震带，主要分布在环太平洋地区，世界上90%的地震及80%的强烈地震都集中在这个区域。这个地震带自智利向北沿着美洲海岸延伸至中美洲、墨西哥、美国西部海岸、阿拉斯加南方，穿过阿留申群岛至日本、菲律宾群岛、新几内亚等环绕在南太平洋的群岛及新西兰。

三 土地沙化

    土地沙化是最近几年时常被人们提起的一个词，土地沙化简单地说就是指土地退化，也叫做"荒漠化"。按国际公认的荒漠化概念，它包括沙漠化和石漠化。荒漠化是由于天气变异、植物消亡和人类活动等因素造成的，是地球最大的伤痕，被称为"地球之癌"，可见其危害之大。据统计，地球上荒漠化土地面积达3 600万平方千米，每年造成的直接经济损失高达420亿美元。

守护土地

1.土地沙化——地球的"癌症"

土壤中最重要的成分是有机质，它是由微生物和动植物的代谢物组成的，也是土壤的养分。如果土壤的养分和水分不能够满足植物生长的需求，就会导致土地沙化。沙化土壤的成分主要为无机物，其土壤粗糙如沙，保水能力极差，即便有植物生长，也非常稀疏。

因此，土地是否会沙化主要取决于土壤中含有多少有机质和水分可供植物吸收利用，所以任何破坏土壤有机质和土壤储水环境的行为都会引起土地沙化。土地沙化进一步发展就会形成荒漠化土地，土地沙化与人类活动密切相关，人口的迅速增长导致过度开垦耕地，放牧、乱砍滥伐等行为日趋严重，从而加快了土地荒漠化速度。目前，全球有20%的陆地、110多个国家和10亿多人口正深受荒漠化的威胁。造成荒漠化的原因有自然因素和人为因素，但最根本的还是人为因素，主要包括四个方面：

（1）不合理的开垦耕地。土地中的养分和水分由于人类不合理的开垦而大量流失，使土地得不到充足的有机质和水分的补充。

（2）过度放牧。过度的放牧使得牛羊的吃草量超过了土地生长的草量，导致土地裸露，水分流失，并丧失有机质和养分。

（3）在降雨量无法满足农作物需求的地方开辟耕地。

（4）在树木本来稀少的地区乱砍滥伐，加剧了该地区的水土流失。

此外，还有一些其他原因也可能会引起土壤成分被破坏，导致土质恶化。比如，滥用时效较长的农药或有毒的有机污染物，将有毒的工业废物排入土壤等。这类有毒物质会杀死土壤中大量的微生物，严重时甚至会直接使土壤毒化，让耕地变为废地，据统计，全世界的土质恶化大约有12%是由于化学物质造成的。

土地沙化是土地退化的表现，如果不采取有效的治理措施，土地沙化现象会更加严重。因此，有人将土地沙化比作"地球的癌症"，可见其危害是持久和深远的。

土地沙化是一个渐进的过程，它不仅对当代人产生影响，而且还会祸及子孙后代。土地沙化的危害主要表现为：

（1）土地沙化会导致土地的生产力逐渐衰减甚至消失。自20世纪90年代以来，全球受土地沙化影响的耕地产量普遍下降70%～80%，全世界每年因此而遭受的损失就高达260亿美元。

（2）可利用土地资源减少。土地沙化使全球数以万计的草地和林地变成了沙地，由于风沙紧逼，成千上万的牧民被迫迁往他乡，成为"生态难民"。

（3）自然灾害加剧。生态环境恶化，加剧了自然灾害地发生，对人类有直接威胁的就是频繁爆发的沙尘暴。

土地沙化正威胁着人类，它会让土地贫瘠，造成粮食减

守护土地

071

产，使全世界数亿人处于饥饿和贫困之中，甚至还会引发社会、经济和政治层面的问题。土壤是植物的母亲，是地球这个绿色家园繁荣昌盛的物质基础，保护和利用好土地就是保护人类赖以生存的家园。

资源
百宝箱

非洲是土地沙化最大的受害者

非洲是全世界土地沙化的重灾区。据统计，非洲大约有2/3的面积被沙漠和干旱土地所覆盖，世界上已经沙漠化的土地有1/2在非洲。在过去30多年中，非洲森林面积减少了约50%，草地损失约7亿多公顷，人均可耕地大幅度减少。土地沙化已对非洲的粮食生产量造成严重威胁，致使当地3亿多人长期遭受饥荒的影响。

2.沙漠仍在蔓延

土地沙化和土地沙漠化听起来意思相同，但具体来说还是有一定区别的。其中，土地沙化是自然和人为因素共同作用的结果，其过程以风蚀作用和草场风积作用为主；而后者则是指在干旱多风的沙质地表环境中，由于人类不合理的活动导致生态系统失去平衡，使很多地区变成以风沙活动为主要特征的像沙漠一样的荒原。据统计，全球土地面积约1.34亿平方千米，其中35%的地区已经变为沙漠或正处于沙漠化进程中，致使全球约8.5亿的人口受到影响。

土地沙漠化是当前世界上最重要的生态环境问题之一，更为严峻的是，全球沙漠化仍在蔓延。导致沙漠化的主要原因是植被退化、洪涝灾害以及盐碱地的增加。

位于非洲的撒哈拉沙漠是世界上最大的沙漠，总面积已达到了960万千米^2，占整个非洲大陆面积的1/4。目前，由于人类对森林的过度砍伐和对土地的不合理开垦，导致非洲长期干旱，几乎每八九年的时间就会发生一次较为严重的旱灾。特别是最近几年发生旱灾更为严重，使非洲的沙漠面积以十分惊人的速度不断扩大。如马里、乍得、冈比亚、尼日尔、塞内加尔、毛里塔尼亚等地，沙漠面积平均每年以15千米的速度向前方推移。在乍得，国土面积本来就有一半的土地被沙漠覆盖，如今又有20万千米²的土地被沙漠覆盖；在尼日尔，距离首都尼亚美约1 500千米的一个小城中，几乎所有的土地都被沙漠淹没了，预计在不久的将来，这个城市也许就要从地图上彻底消失了。总之，沙漠的扩张已经使整个非洲大陆约690万千米²的土地遭受威胁，其中约65万千米²的可耕农地已沦为了荒漠。

自20世纪60年代起，在拉丁美洲的亚马孙河流域，人类在热带雨林中进行大规模的垦荒，使大片森林被砍伐，变为牧场和农田，土壤表层变得很薄。每逢大暴雨，大量表土被冲走，留下红色铁矾土，铁矾土在高温条件下会结成坚硬如砖的土块，使植物无法生长。生态专家认为，如果人类再不采取有效的措施，那么不久后亚马孙河流域将有可能变成"第二个撒哈拉沙漠"。

此外，在亚洲的伊朗、巴基斯坦、阿富汗及中东地区也相继出现了新的荒漠。土地的大面积沙漠化会使粮食生产力急剧下降，导致粮食匮乏。土之不存，人将焉附，人类如今已经饱尝土地沙漠化带来的苦果。

宝 资源百宝箱

"化学固沙"给沙漠蒙上一层皮

为防止沙尘飞扬，科学家们研制出了一种无害的固沙剂，以进行"化学固沙"。所谓"化学固沙"，就是通过固沙剂将表层沙漠加以黏合，为沙漠罩上一层"皮"，从而起到与种草坪一样的效果。

守护土地

3.什么是风蚀

风蚀是指地表松散的物质被风吹扬或搬运的过程。每当有大风吹过地表时，在近地面会产生紊乱的气流，使砂石离开地表，使地表原有形态遭到破坏，被称为吹蚀；而当风沙流紧贴地表移动时，沙砾会对地表物质产生冲击和摩擦，被称为磨蚀。

风蚀主要分布在干旱、半干旱气候区以及有周期性干旱的湿地地区。人们将经过吹蚀和磨蚀作用形成的地表形态，分为以下几种类型：

（1）风蚀城堡。风蚀城堡主要集中在砂岩、泥岩等岩性强弱相间的地区，是在流水侵蚀的基础上，因岩性软硬程度不同而引起差别性的风力吹蚀，形成了大量的层状墩台，其高度在10～30米，又因其岩层平铺，墩台顶部大多平坦，所以又被称作"蚀余方山"。

（2）风蚀长丘和风蚀劣地。风蚀长丘形状如同一条细长的垄岗，长度通常在10～200米，但也有绵延数千米的；风蚀劣地是一种四分五裂的残丘地面，其丘体形状多为矮小型，通常只有几米长，高度在10米以内。这种类型的风蚀地貌主要分布在背斜构造十分发育、地层软硬相间、风向与构造方向一致的地带。

（3）风蚀石窝和石蘑菇。石窝主要分布在花岗岩、砾岩、粗砂岩等组成的向阳且迎风的岩壁上，其形状各异、大小不一，且有密集的孔隙，与人的高度差不多，远远望去就像是一个个窗口和蜂窝；而石蘑菇是由孤立突起的岩石受到长期风蚀作用后形成的上部大、基部小的形态，因其形如蘑菇而得名。

（4）风蚀雅丹和白龙堆。风蚀雅丹与其他风蚀地貌不同，是发育在第四纪河湖相地层的土状堆积物中，最典型的风蚀雅丹在中国罗布泊西北部的古楼兰一带；而白龙堆分布在罗布泊盐碱地北部的东西两侧，当地土墩的顶面是灰白色

的盐碱块，由于其形状弯曲且细长如游龙，故而得名白龙堆。

　　风蚀不仅会吹蚀地表养分、破坏土地生产力，还通过吹蚀和磨蚀对农作物造成危害，而农作物对风沙流的抵抗力是有一定限度的，如果人类对风蚀不加以控制，那么最终就会导致土地沙化。因此，人类必须大力开展植树造林活动，并且停止对植被的乱砍滥伐才能最终守护好我们的家园。

资源
百宝箱

奇特的风蚀现象——扫蚀

　　扫蚀是指植物枝干在风力的作用下，由于上下左右晃动而摩擦地表的一种侵蚀现象。扫蚀主要借助风力，所以扫蚀也属于风蚀。扫蚀现象通常发生在荒坡陡崖或田间地埂处，这些地区生长的荒草灌丛在风的吹动下，根部变得不稳固，一旦风力陡增，就会出现植物像扫帚一样扫磨地面的景观，同时沙土被刮起，在风的作用下飞向四周。

4.沙尘暴是怎样形成的

当遮天蔽日的沙尘暴席卷而来时，那种犹如世界末日般的景象简直让人感到恐惧。沙尘暴是一种发生在沙漠及其邻近地区特有的灾害性天气，是沙暴和尘暴的统称。沙尘暴拥有非常强大的威力，它能将大量的沙砾带到很远的地方，能将房屋淹没，还能在海面掀起涛天巨浪……

沙尘暴的形成需要具备一定的条件，首先是有利于产生大风或强风的天气条件，充足的沙源和尘源及不稳定的气流是沙尘暴形成的主因。其中，大风或强风是沙尘暴形成的动力基础，也是沙尘暴能够长距离输送的动力保证；地面上的沙源、尘源是形成沙尘暴的物质基础；而不稳定的气流则能使风力加大，并有利于强对流形成，从而卷起更多的沙尘，因此这是重要的局地热力条件，沙尘暴普遍发生在午后或傍晚也说明了局地热力条件的重要性。

目前，地球陆地面积的1/4已经遭受到了沙尘暴的危害，全世界有四个沙尘暴中心，分别是澳大利亚、北美洲、非洲和亚洲中部。

澳大利亚是个干旱少雨的国家，75%的陆地面积都属于干旱和半干旱地区。加之当地人过度放牧，土壤表层缺乏植被覆盖，使土地逐渐沙化，每当大风来临，沙尘暴就会发生。中部和西部海岸沙尘暴的频发地带，每年平均要发生五次之多。

北美洲的沙尘暴主要分布在美国西部和墨西哥北部的荒漠干旱区。土地的不合理利用、持续的干旱等一系列生态环境问题导致了频繁的沙尘天气，在20世纪30年代还发生了美国历史上最严重的"黑风暴"，这场沙尘暴灾害中，美国损失了3亿吨的肥沃土壤，几百万公顷的农田遭到废弃，几十万人流离失所，许多城镇成了被废弃的空城，使得大批生态难民被迫迁移到加利福尼亚地区。

非洲的沙尘暴主要集中在撒哈拉沙漠南缘地区，当地连年的旱灾和过度的放牧使草场退化，田地荒芜，导致土地沙化加剧蔓延，沙尘暴频发，当地的沙尘有时被风夹带吹过大西洋飞落到了南美洲亚马孙地区，甚至还被吹到了欧洲境内。

亚洲中部过快的人口增长，以及过量的灌溉用水、乱砍滥伐森林、过度放牧和开垦等原因，造成草场退化，也同样

加速了土地沙漠化进程。加上中亚地区拥有多达15万千米²的盐土，因此造成了沙尘暴与盐尘暴的混合发生。

沙尘暴的危害方式大致可分为四种：沙埋、风蚀、大风袭击以及污染大气环境。

（1）沙埋。沙尘暴以铺天盖地之势向前移动，下层的沙粒在狂风驱使下快速前进。在这一过程中，如果碰到障碍物或风力削弱时，沙粒便会停落下来，从而埋压农田、村庄、工矿、铁路、公路、水源等。这类危害通常发生在有风沙侵袭的绿洲和戈壁滩地带，偶尔也会在沙漠或大片沙地相连接的狭长地带出现。

（2）风蚀。沙尘暴强大的风力会对地表物质产生吹蚀作用，不但会将土壤里细腻的黏土矿物和宝贵的有机物质吹走，还会将夹带而来的细沙堆积在土壤表层，致使本来肥沃的可耕地沦为贫瘠地。

（3）大风袭击。沙尘暴伴随而来的狂风暴雨，所到之处皆是一片狼藉，大树被连根拔起、房屋围墙倒塌、摧毁电杆、掀翻火车等，造成巨大的财产损失和人畜伤亡。

（4）污染大气环境。由沙尘暴携带而来的巨大尘埃中含有很多有毒的矿物质，会对人体、牲畜、农作物、林木等造成严重的危害，甚至还会引发各种眼病和呼吸道感染等疾病。

沙尘暴给人类的生存和发展带来严重的影响和危害，而其造成的经济损失也是惊人的。因此，为了最大限度的减轻和防止沙尘暴灾害损失，人们更应该加强环境保护，在保护现有植被的基础上，还要加大退耕还草工程以及避免任何破坏土地的行为。

守护土地

资源
百宝箱

沙尘暴"造就"了迷人的夏威夷

　　美丽的夏威夷群岛是浩瀚的北太平洋上最璀璨的一颗明珠，它美丽如画的风景征服了来自世界各地的游客，当游客陶醉于她天堂般的美景中时，他们未曾想到，眼前的美景皆是拜沙尘暴所赐。经科学研究表明，沙尘暴的过程就如同一种自然界的"均营养"运动，它会将地表土壤中的矿物质、有机物等各种微粒带入大气层中飘向远方，为一些沙尘沉降土壤补充流失的微量元素，而夏威夷群岛就是最大的受益者。

5.消失的草地

　　近几年来，全球草地出现严重的退化，因而导致了更为严重的土地沙化现象。所谓草地退化，即草原退化或草场退化，它既包括"草"的退化，也包括"地"的退化。具体而言，草地退化也就是指天然草地在干旱、风沙、水蚀、盐碱、洪涝以及地下水下降等不利自然因素的影响下，加上过度放牧、割草等不合理利用草地的人为因素，引起草原的草群组成和土壤性质变劣、产草量降低、草地生态环境破坏、草地牧草产量和品质下降等，从而造成草地利用价值降低，甚至变为贫瘠荒地的变化过程。

　　草地退化具有一定的特征，主要表现为四点：

　　（1）草群组成中，原本品质优良的种类逐渐减少，甚至濒临消失，而原本品质较次的植物种类却逐渐增加，发展到一定阶段时，大量的非原有劣质草群种类会成为优势植物。

　　（2）草群中的优质牧草生长量减弱，可使用的牧草产量下降，而不可使用的牧草却大幅度增加。

守护土地

（3）草原生态环境恶化，草原沙化、旱化、盐渍化现象频发，土壤保水能力下降，大面积土地裸露。

（4）鼠、虫灾害频发。

草地的退化是由自然因素和人为因素两方面引起的，其中，自然因素主要是由于气候的变化，即全球温室效应导致的气候变暖以及干旱的加剧，这是全世界需共同面对的问题。而人为因素是草地退化的主要原因，如过度放牧、开垦、割草、挖药材等，尤其是过度放牧所造成的影响最为巨大。

过度放牧又被称为草原超载。在一定自然条件下，草场只能供应有限数量的牲畜活动，如果不加限制地频繁放牧，那么牲畜的过度啃食会使牧草无法及时生长，日积月累，牧草只会越变越矮，产量越来越低。更重要的是，这样会造成那些牲畜喜爱的优质牧草产量下降，而那些牲畜不喜爱的或有毒的植物保留下来。不仅如此，长期过度牲畜践踏，还会导致草地土壤变紧实，使其透气透水能力下降，土壤性质恶化。

此外，过度开垦也是引起草地退化的一个重要原因。草地大多分布在干旱地区，自然条件相对恶劣，一旦草地被当作荒地开垦，大多数开垦方式都是粗放耕作，即不施肥、不灌溉，靠天吃饭，这样的耕种模式不仅产量低下，而且过不了几年，那些原本好的土壤结构就会被破坏，土壤中的有机物质流失，在没有绿草覆盖的条件下，风蚀作用加剧，很快就会变为贫瘠之地。另外，挖采药材、采集经济作物、开矿、交通车辆的碾压等也是造成草地退化的重要原因。

"毒"草不毒

如今，草原上的毒草植物种类占了整个草原植物种类的四成左右，有人说是毒草导致了草原的退化，其实，有些毒草不仅不毒，反而有益。例如，被人们列入"五大毒枭"的黄花棘豆就是一种固氮植物，自然生态系统中大约一半的氮元素都是由它和它的豆科同伴固定的，它们利用自身的特殊装置——根瘤，在常温和常压下，将大气中的氮气转化成植物可以利用的"化肥"。此外，这些毒草中还含有可以治病的有效成分，是珍贵的中药材。

守护土地

6.地球变秃了——森林在减少

地球上的所有生物都生活在一个特定的环境里，生物之所以能够生长发育，繁衍后代，是因为有食物、能量以及其他条件来满足它们，这是生物与环境和谐共存的一面。但是，如果生物与环境发生矛盾，那么生物就会生病甚至死亡。生物与环境的对立和统一属于生态的两个方面。森林环境也是一种生态，它对于人类的作用远胜于木材本身的价值。

森林具有极强的防风固沙作用，它能通过其林冠的摆动和树身的阻挡降低风速。近年来，全球土地沙化现象的加剧，其中最主要的原因就是由于森林面积的减少。

森林对人类的用处很多，但却没有得到人类应有的保护。自新石器时代起，已经开始的粗放畜牧及刀耕火种的兴起，致使原始天然森林遭到了破坏。4 000多年前，欧洲森林总面积还占陆地面积的90%，如今只占30%。直到现在，世界上的一些国家和地区仍然将木柴作为燃料。在亚洲、非洲以及拉丁美洲，每年大约有1 100万公顷的森林被砍伐，相当于整个古巴的国土面积。在不少地区，由于人口的迅速增长，为了获取更多的粮食，人们不惜毁林开荒，过度乱砍滥伐导致地球上的森林资源正在以惊人的速度减少，每年减少多达1 800万公顷。

例如，拉丁美洲巴西的亚马孙原始森林，其木材蕴藏量占世界总蕴藏量的45%，是世界上最大的热带雨林。但当地人为了种植经济效益更大的烟草等植物，砍伐了大片的森林。当重型拖拉机进入亚马孙雨林时，沿途的巨树轰然倒塌，数以万计的珍贵禽兽失去了它们宝贵的家园，但即便是如此也没能阻止人类的贪婪欲望，紧接着就是大火，将无数珍贵的树木和成千上万的小动物湮没在烈火之中。在人类这种粗暴的方式下，很容易就毁掉了一片森林。如今巴西森林覆盖率已经由原来的80%下降至40%。大片的林地变成了"光头的秃子"，裸露的土地加剧了土地沙化，肥沃的土地很快就变成了贫地，并导致气候恶化、干旱频发等各种自然灾害。

像巴西这样的例子还有很多，由于人类滥伐森林而导致的土地沙化正在无情地吞噬着农田和牧场。而更加可怕的是，一旦土地被沙漠覆盖，就很难再恢复。因此，人类在砍伐森林换取巨大利益的同时，也丧失了大片肥沃的土地。可见，森林的减少是一个关系到人类生存的重大问题，如果不采取有效的措施，那么森林破坏现象只会更加严重。

资源
百宝箱

森林与人类健康

森林中的许多植物对人类的健康具有极其重要的作用，经研究论证，森林中的杉、松、桉、杨、圆柏、橡树等植被可发散出一种"杀菌素"，可以消灭空气中的白喉、伤寒等病菌。据调查，在气候干燥的无林地区，每立方米空气中含有400万个病菌，在林荫道只含60万个，而在茂密的森林中则只有几十个了。

守护土地

7.地球也"肾亏"——湿地被破坏

湿地是地球的"肾",它在抵御洪水、控制污染、调节气候、美化环境等方面具有重要作用。因此,如果地球没有了湿地,就不会像现在这样美丽而富有生机,至少会有30%的地球生物灭绝。同时,湿地也是全球价值最高的生态系统,1公顷的湿地每年可创造高达1.4万美元的价值,是热带雨林的7倍,是农田生态系统的160倍。

然而,由于人们过度开垦湿地或改变其用途以及环境污染等原因,使全球湿地的生态环境遭到了严重的破坏。而湿地的破坏也导致更为严重的土地退化现象,各种自然灾害频发,如全球洪涝灾害加剧、干旱化趋势明显、生物多样性急剧减少……所以,如何保护湿地,不让地球"肾亏"已经是摆在人类面前急需解决的现实问题。

位于中国齐齐哈尔市的扎龙湿地是"中国最美的六大湿地"之一,曾在1992年被列入《国际重要湿地名录》。扎龙湿地是中国目前保存相对完整的芦苇沼泽湿地,也是中国著名的珍贵水禽自然保护区,主要保护对象是丹顶鹤及其他野生珍禽,被誉为鸟和水禽的"天然乐园"。然而,近几年持续的干旱和洪灾的频发正严重威胁着这片湿地,该湿地逐渐开始出现明显的面积萎缩迹象,给丹顶鹤等珍禽的生息繁衍带来了巨大的威胁,而导致这一问题的源头主要是因为湿地附近区域内企业的排污不合理,造成了湿地的污染。

位于巴西马托格罗索州南部的潘塔纳尔沼泽地,是全球面积最大的一块湿地,总面积约为2 500万公顷,因其自然条件特殊、生物种类繁多,早在2000年就被联合国教科文组织列为世界人与生物圈自然保护区,同年又被列入《人类自然遗产名单》。科学家研究发现,如今的潘塔纳尔沼泽面积却正在以每年2.3%的幅度减少,长此以往,预计这块世界最大的湿地将在45年后彻底从地球上消失。所幸的是,巴西政府已经意识到这一问题的严重性,并成立了专门的管理委员会,负责制定和实施保护潘塔纳尔湿地的行动计划。

在伊拉克境内的底格里斯河与幼发拉底河之间,原本有一片面积辽阔的湿地——美索不达米亚沼泽地,面积约15 000～20 000平方千米,是古老文明的发源地,曾先后孕育了苏美尔文明、巴比伦文明及亚述文明,并留下了大量珍贵的文化遗迹。根据《旧约·创世纪》中的描述,很多人都坚信这里就是传说中的"伊甸园"。这里曾经水草丰美,湖泊纵横,数以万计的鸟类和鱼类在此生存繁衍,但由于伊拉克饱受战乱,致使这片沼泽地面积损失严重,尤其是在萨达姆政权被推翻后,当地的农民和渔民便开始了毫无节制地使用农药和电击的方式捕鱼,使沼泽地受到严重污染。同时,湿地生态环境的污染也导致了当地大量野生动物逃离或死亡,

被污染的水源更威胁着人类的健康。

　　湿地是世界上最具生产力的生态系统之一，是生物多样性的发源地，是无数植物和动物赖以生存的地方。同时，湿地的增减与沙化土地面积的变化有着密切的联系。湿地增加，植被的生态环境得到改善，沙化土地的蔓延就能得到有效的遏制，而区域内的生态环境也会好转，生物多样性迅速增加，生物资源变得更为丰富，最终促进生态环境的良性循环发展；如果湿地萎缩，植被会大幅减少，致使地表裸露，沙化土地面积扩展，生态环境恶化，生物多样性迅速减少，将会给社会经济和人类的生存发展带来诸多不利影响，如不采取积极有效的治理措施，甚至会导致恶性循环。

　　湿地与我们的生活息息相关，我们身边的河流、湖泊、水库等都属于湿地。因此，保护湿地是每一个人的责任和义务，保护它就是保护我们的生命之源，希望每个人都能从自我做起，保护好我们的湿地，保护好地球的"肾"。

资源百宝箱

湿地生态系统的分解者——微生物

　　植物、动物和微生物是湿地生态系统的重要组成部分，其中微生物被称作是"湿地生态系统的分解者"，它不仅推动了湿地生态系统的物质循环和能量流动，还控制着沼泽湿地类型的分异和演替。因此，微生物对于维持湿地生物多样性、生态平衡等方面都有着十分重要的作用。

 被污染的土地

　　土地污染现状严峻，重金属、化工废料、化肥农药等污染源，正在不断侵蚀着土地，部分土地由于重度污染已严重影响到生产经营，形成令人扼腕的"大地之殇"。污染毁去的不仅是一方水土，更让无数人失去了赖以生存的家园，而失去土地的农民不仅没有享受到工业文明带给他们的好处，却因为工业污染沦为了"生态难民"。土地遭受有毒物质的污染，如同人患上了恶性肿瘤。

1.什么是土地污染

　　目前土地污染正威胁着全世界各国人民的生命安全，频繁发生的土地污染事件导致人类死亡率上升，在全球许多地区出现了"癌症村"。更重要的是，土地污染了，我们吃什么？淡水水源被污染了，我们喝什么？

　　土地污染的形成十分复杂，主要是因为人类活动产生的有害、有毒物质进入土壤，当积累到一定程度，超过土壤自身的自净能力，就会引起土壤形状和质量变化，从而对农作物和人体造成严重的影响和危害。

守护土地

普通的污染能立刻引起大众的关注，但土地污染是看不见的，所引起的危害至少要在几个月、几年、几十年甚至是数百年才会显现出来。虽然土地污染不像大气污染那样可直接危害人体健康，但土地里的污染物会由粮食、蔬菜、水果、肉类等食物链进入人体，在长期累积之下，其影响往往比其他污染更加广泛和持久。具体而论，土地污染的危害主要可分为三点：

影响农产品的产量和品质

当土壤中的污染物含量超过农作物的忍耐限度时，会导致植物的吸收和代谢失调，如果某些污染物长期残留在植物体内，还会影响植物的生长发育，严重的还会导致遗传变异。土壤污染会让农作物吸收和富集某种污染物，从而影响农产品质量，给农业生产带来巨大的经济损失。例如污染物中的某些致病细菌不但会使番茄、茄子、辣椒、马铃薯、烟草等百余种茄科植物患上青枯病，还会使果树患上细菌性溃疡和根癌病；还有一些致病真菌会导致大白菜、油菜、芥菜、萝卜等数百种蔬菜患根肿病，以及引起小麦、大麦、燕麦、高粱、玉米等粮食作物患上黑穗病等。因此，如果人类

长期食用受污染的农产品将会对身体健康造成严重危害。例如，长期食用含有镉残留的稻米，会使镉在人体内蓄积，进而导致全身性神经痛、关节痛、骨折，甚至死亡。

危害人居环境安全

随着城市化进程的加快，许多曾经被企业占用甚至遭受污染的土地又被利用进行再次开发。在这一过程当中，由于对土地污染问题认识的不足以及污染修复和清除工作的疏忽，又会引起诸多次生生态环境污染。此外，住宅、商业、工业等建设用地所造成的土壤污染物还会经由口摄入和吸入以及皮肤接触等各种方式对人体健康产生危害，如果污染的土地未经修复便直接开发会给居民造成长期的危害。

威胁生态环境安全

土壤中的污染物会影响植物、土壤中的动物、微生物的生长和繁衍，并对正常的土壤生态系统服务功能造成危害，

守护土地

从而破坏土壤养分转化和肥料保持，使土壤的正常功能遭到破坏。土壤中的污染物有时还会发生转化和迁移，从而渗入地表水、地下水和大气环境之中，损害其他环境介质，污染饮用水源。

此外，如果土壤污染物中含有的重金属浓度较高，则会使表土极易在风力和水力的作用下直接分解后经由挥发和雨水冲刷等向大气和水源扩散，这一过程会加剧大气污染、水污染，导致区域环境质量下降和生态系统退化等次生生态环境问题。

然而，令人忧虑的是，由于土地污染的危害具有隐蔽性和滞后性，其不良后果是逐渐显现出来的，因此目前不少人仍然对它缺乏清醒的认识，丝毫没有危机感和紧迫感。但是，土地污染就像煮熟的鸡蛋，一旦形成就很难再让它恢复本来的模样。所以，为了避免造成不可挽回的局面，我们更应该在"生鸡蛋"被煮成"熟鸡蛋"前好好保护环境，切断污染源头，让土地远离有毒物质的侵害。

资源 百宝箱

土壤修复让"中毒"土地"重生"

土壤修复是一种使遭受污染的土壤重获正常功能的技术手段。目前已有100多种土壤修复技术，常用技术也有10多种，可分为物理、化学以及生物三种方法。自20世纪80年代起，世界上许多国家尤其是一些发达国家均制定并开展了污染土壤治理与修复计划，逐渐形成了一个新兴的土壤修复行业。

2.土壤污染源有哪些

人类生活的方方面面都离不开土壤的供给，没有土壤，地球上的所有生物都将灭亡，因此土壤对于人类和其他地球生物而言，是赖以生存的"生命线"。然而，现实的情况是，人类诸多的行为活动已经对土壤造成了严重的危害，许多曾经水草丰美之地，如今变成了污水横流、废渣成山的荒凉之地。土地污染无情地吞噬着大片良田，迫使全世界各地大量农民离开祖祖辈辈生活的故土。

土壤污染物的种类繁多，根据其性质大致可分为四类——有机污染物、重金属、放射性元素和病原微生物。土壤污染物的来源极为广泛，主要是来自工业废水、固体废弃物、农药和化肥、牲畜排泄物和生物残体、大气沉降等。

工业废水

污染土地的罪魁祸首是来自工业排放的废水。在工业废水中常含有多种污染物，如果长期使用这些水源进行农田灌溉，则会使污染物在农田土壤中累积进而形成污染。

固体废弃物

在固体废物中，许多都是有毒的物质，在雨水的冲刷下会渗入土地，或

守护土地

滞留在土壤中，或与土壤发生化学反应，使土壤结构和性质遭到严重破坏，并且土壤中的微生物也会被杀死，破坏土壤生态系统。同时，如果人们利用固体废渣和污泥作为农田肥料，还会使土壤遭受重金属、无机盐、有机物和病原体的污染。

农药和化肥

大量使用农药、化肥和除草剂会改变土壤的内部结构，直接或间接地污染农产品，从而危害人体健康。科学家研究发现，喷洒的农药仅有30%是附着在农作物上的，50%～60%则洒落在了地面。因此，如果频繁使用农药等化学药剂，那些未被植物吸收利用的药剂都会再进入土壤内部，在农作物根部以下累积或转入地下水，逐渐变成潜在的污染物质。

牲畜排泄物和生物残体

禽畜养殖场和屠宰场内的牲畜排泄物和生物残体中含有大量的寄生虫、病原体和病毒，如果在不进行任何物理和生化处理前就将这些废物当作肥料，则会造成土壤或水源污染，并且会危害人体健康。

大气沉降

大气中的二氧化硫、氮氧化物和颗粒物能由沉降或雨水渗入土壤中，例如在北欧的南部、北美的东南部地区，雨水中的酸度含量很高，

造成了土壤酸化、土地盐渍化以及土壤盐基饱和度下降等一系列土壤污染问题。

另外，引起土壤污染的还有一些自然污染源，比如在含有重金属或放射性物质的矿床一带，在风化和分解作用之下，也会使这些矿床四周的土壤遭受污染。

土地污染危害甚广，且治理难度大，许多被重金属污染的土壤需要数百年才能恢复。到目前为止，土地污染的治理依然是一个世界性的难题。如果大气和水源受到污染，在阻断污染源后采用稀释和自净化作用能使污染问题得到缓解或逆转，但蓄积在土壤中的有毒物质却是难以靠稀释和土壤自净化作用来消除的。所以，一旦形成土地污染，便很难使其恢复洁净。由此可见，要想让土地免受污染，还需从预防和保护两方面着手，最好是在土地还未受到污染侵害之前对其加以保护，切断一切可污染源头。只要每个人都对保护土地重视起来，就一定可以攻克这一世界性难题。

资源
宝 百宝箱

跳虫——土壤污染的晴雨表

土壤中的跳虫是土壤污染监测的明星生物。1997年，跳虫被列入国际标准化组织（ISO）检测化学物质生物毒理检测程序中。在这项测试中，由于跳虫在各类污染土壤中具有显著的毒理效应，均能真实而直观地反映土壤的健康状况，因而脱颖而出，被广泛应用于土壤有机物、农药、重金属等污染物的毒性测定和生态风险评估，为土壤污染诊断提供了重要的科学依据。所以，跳虫又被称作是"土壤污染的晴雨表"。

3.堆积如山的固体废弃物

随着人类对各种矿产资源的开发利用，导致大量固体废弃物堆积，如露天矿剥离和坑内采矿产生了大量废石、采煤产生的煤矸石、选矿产生的尾矿以及冶炼产生的矿渣等，这些固体废弃物既是千百年来人类矿业开发的历史积累，也是矿产资源利用不合理的结果。目前，全世界矿山废弃物的累计数量十分巨大，且呈逐年增多趋势，据了解，仅一个城镇的矿山固体废弃物堆积总量就能达到几亿至几十亿吨，而按照目前的趋势来看，随着人类对矿石的大量开采，每年矿山固体废体物还将不断增加。

地球上已知的矿产种类大约有3 300种，矿产资源是人类重要的生产资料之一，目前人类使用的95%以上的能源、80%的工业原料以及70%的农业生产资料都是来自于矿产资源。矿山固体废弃物的大量堆积不但占用了大片土地，造成资源浪费，还会引起滑坡、泥石流等地质灾害，并且由于长期堆放，还会引起化学污染、自燃及放射性污染，对人类和地球其他生物的生命健康造成严重威胁。矿山固体废弃物的危害包括五方面，分别为：

（1）直接造成土地污染。矿山固体废弃会对地表环境造成多方面的污染，首先，原矿中含有大量的超标污染物质，例如放射性元素等有害物质；其次，在选矿过程中人为使用的化学药剂会残留在固体废弃物中，并与其中的一些物质发生化学反应，形成新的污染源；第三，在氧化、水解和风化等作用下，会使堆放在地表原本没有污染的固体废弃物逐渐转变为污染源；第四，矿山固体废弃物堆放地区流经的地下水，会溶解固体废弃物中某些有害物质并携带转移，造成大面积污染；第五，许多金属矿山固体废弃物颗粒非常细小，一旦干涸，在风力的作用下极易形成扬尘污染；第六，一些矿山固体废弃物被直接排入湖泊、河流，不但会污染水源，堵塞河道，甚至还会引发严重的自然灾害。

（2）破坏生态环境。固体废弃物包括废渣的大量堆积会占用大片土地，同时，由于人类大量开采锰矿、金矿、钛砂矿、花岗岩、石灰岩等矿产资源，使得植被被破坏，加剧了水土流失现象。

（3）易导致安全隐患。矿山固体废弃物的大量堆积容易引起塌陷、滑坡等地质灾害，特别是高度超过100米以上的大型尾矿库，一旦发生事故，其破坏力是非常巨大的。

（4）会造成严重的矿产资源浪费。在一些贫穷的地区，大多数矿山的矿石品质较低，加之选矿技术设备落后和管理水平低，因而选矿回收率低，使大量有用的矿产资源长期堆积在废弃物中，造成严重的浪费。

（5）会造成国家和企业的经济重负。矿山固体废弃物的长期堆积需要国家和企业进行相关日程管理，如果污染了土地或破坏了环境还需要进行赔偿等，这对于国家和企业而言无疑是一种巨大的经济负担。

正是由于矿山固体废弃物的增多会造成如此多的危害，因此，更需要人们积极有效地对它进行处理。目前，世界各

守护土地

国对矿山固体废弃物的处理大多采用直接堆放至预先划定和准备好的场地内。将矿山固体废弃物放置到固定的场地后，通过对其表面覆盖石块、泥土，或种植树木草地、进行化学处理，可使堆积的矿山固体废弃物保持在稳定状态下，从而减少二次污染。但矿山固体废弃物的处理是一项漫长而持久的战役，在未来仍需要人们共同加强对环境的保护，加强防范措施，只有这样才有可能彻底解决这一问题。

■绿色加油站■

尾矿的二次利用

矿产尾矿具有颗粒细、数量大、成本低等特点，除了含有可回收的少量成分以外，还是一种"复合"硅酸盐、碳酸盐等矿物原料，是可利用的二次资源。其中主要包括非金属矿物石英、长石、石榴石、角闪石、辉石以及由于侵蚀而形成的黏土、云母类铝硅酸盐矿物和方解石、白云石等钙镁铝酸盐矿物。因其硅、铝含量较高，因此可用作建材原料和陶瓷胚体原料等。

4.农业污染——一颗疯长的毒瘤

　　农业是一个国家的立足之本，更是一个国家生存和发展的物质基础。然而，随着全球人口数量的增长，以及为了追求高产和防治病虫害，人们开始大量滥用化肥和高毒农药，不仅造成了环境污染，还对人类健康造成了严重的危害。

　　所谓农业污染，主要是指农村地区在农业生产和日常生活中产生的未经合理处理的污染物，对水源、土壤、大气以及农产品造成的各种污染。这些污染物的来源一方面是来自于农村居民的生活废物，另一方面则是来自于农作物产生的废物，如农业生产过程中不合理使用而流失的农药、化肥、余留在耕地中的农用薄膜，以及处置不当的牲畜禽类的粪便、恶臭气体和不科学水产养殖等造成的水体污染物等。

　　据统计，目前全球各国皆遭受着不同程度的农业污染，并且污染程度最严重的耕地主要集中在土壤肥力最好、人口密集的城市附近地带以及对土壤环境质量要求较高的蔬菜、水果种植基地。这主要是由于城市环境的改善使得一些工业项目逐渐向农村转移，而农村经济快速发展，但环境监控能力薄

守护土地

弱，且没有较强的环境可持续发展观念，以致排污设备落后和治污力度不够，进而造成当地污染严重。例如畜禽排放的粪便，饲养一头猪产生的污水等同于7个人日常生活产生的废水，而如果畜禽数量增加，则粪便也会跟着增加，特别是一些中小型饲养户，盲目地追求利益最大化，不但没有准备任何排污设备，而且还随意排放饲养过程中产生的大量畜禽粪便，长此以往，既造成了资源的浪费，又污染了土地，破坏了生态环境。

导致农业污染的罪魁祸首是使用农用化学物品。化肥和农药已经成为目前全世界各国农业生产中用以提高作物产量的重要手段。然而，高毒杀虫剂和除草剂却是对所有昆虫和植物施行"格杀勿论"，如滴滴涕和六六六这两种杀虫剂曾在20世纪40~70年代被广泛应用于农业生产，更被人们誉为抵御虫害的"功臣"。但随着科学技术的发展，许多药物学专家发现这两种杀虫剂一旦进入体内将会引起中毒。更危险的是，它们能够借由食物链不断传递，如果孕妇食用这些受污染的食物，还会传递给腹中的胎儿。虽然在20世纪70年代，全球许多国家和地区都禁止生产和使用滴滴涕和六六六，但长期以来所造成的农业污染却在更长的时间里危害着人类的健康。

农用化学物品虽然具有显著的抗虫害功能，但同时也会杀死土壤中的有机体，如细菌、真菌、藻类、昆虫、蚯蚓等，这些有机体分解的植物残体和矿物元素会增加土壤肥力，也是维持土壤生态平衡的好帮手。可人类仅仅为了一小部分害虫就大量使用农用化学物品，从而杀死了数量巨大、对土壤极为有益的有机生物体，从而大大削弱了土壤的新陈代谢能力，并直接导致生产力下降。这是一个恶性循环，无论是对人类自身还是对生态环境，都将是巨大的损害。

如今，各种化工品导致的农业污染正在世界各地不断蔓延，它如同一颗疯长的毒瘤，如果人类再不加以控制，那么在不久的将来，这颗毒瘤将恶化成足以令人类毙命的祸根。

■绿色加油站■

以虫治虫——澳洲瓢虫创造的奇迹

19世纪80年代，美国加利福尼亚州刚刚兴起柑橘种植业，正当人们沉浸在丰收的喜悦时，一种名为吹绵蚧的害虫却闻风而来，给柑橘种植业带来了巨大的损失。在经过深入的研究后，科学家们决定前往吹绵蚧的故乡澳大利亚去寻找天敌——澳洲瓢虫。1888年，129头澳洲瓢虫被运送到了美国加州的柑橘园中，很快奇迹就发生了，仅在短短的数月之内，这些澳洲瓢虫就将危害了柑橘园十余年的吹绵蚧剿杀至无害水平。至今，吹绵蚧虽然仍然存在加州柑橘园内，但却再未酿成灾害。

守护土地

5.酸雨为什么被称为"空中死神"

　　如今清澈的湖泊中，已不见丰富多彩的生物；曾经茂盛葱翠的森林，现在已是枯叶凋零，濒临死亡；完整保存了几个世纪精致华美的文物古迹、石雕碑刻，如今却是斑驳残破，而造成这一切的罪魁祸首正是被称作"空中死神"的酸雨。

　　酸雨，顾名思义就是呈酸性的雨。在正常的情况下，大气中含有一定的二氧化碳，遇到降水时，这些二氧化碳会溶解于水中，形成酸性极弱的碳酸，所以正常雨水是显微酸性的，PH值为5.6～5.7。但当其PH值小于5.6时，则为酸雨，主要产生于雨、雪、霜、雾、雹等降水过程中。酸雨的形成是一种极为复杂的大气化学和大气物理学过程。

随着人类科技的发展和工业化进程的加快，各种化石燃料被大量使用，全球汽车数量越来越多，尾气被随意地排入大气当中，为酸雨的形成提供了丰富的原料——硫氧化物和氮氧化物。这些化合物会与大气中的氧气、水蒸气产生一系列的化学反应，进而生成硫酸和硝酸，再与尘埃等空气中的凝聚核结合便形成了酸雨。因此，酸雨更容易在工业活动频繁的地方形成。

　　由于酸雨具有一定的腐蚀性，如果直接滴落到人体上会对皮肤造成伤害，而对于人类而言，影响更大的则是酸雨的间接作用。比如酸雨会溶解各种对人类有害的重金属离子，一旦酸雨进入人类的饮用水中，将会对人类健康产生危害；在下完酸雨之后的雾天中，会产生硫酸雾或硫酸盐雾，其毒性非常高，一旦被人体吸入肺部，不但会引起肺水肿和肺硬化等疾病，还会引发癌症。此外，酸雨中含有的甲醛、丙烯酸等成分还会刺激眼睛，增加眼病的发病几率。据了解，全球每年由于酸雨污染而造成的疾病和死亡人数已经高达40 000人。

　　酸雨对森林的危害也是频见报端，由于树叶对酸雨的反应十分敏感，当叶片被酸雨腐蚀受损后，会降低光合作用，削弱抗病虫害的能力，致使树木生长缓慢甚至枯萎死亡。在德国西部，近10年来已有12%的森林遭受了酸雨侵害，而在瑞典每年因为酸雨导致的林木损失高达460万立方米。

　　酸雨对建筑物的腐蚀非常惊人，尤其是对各种古文化建筑的破坏最为严重，例如罗马的神庙谷雕刻，形态各异的石像由于长期遭到酸雨的侵蚀，如今已经变得模糊不清。酸雨的频发，使得世界各地珍贵的文物遭受了巨大的损失，原本

守护土地

美丽高贵的希腊女神如今变得蓬头垢面，埃及的金字塔和狮身人面像在酸雨地冲蚀下表皮碎裂脱落，柬埔寨的吴哥窟、印度泰姬陵、英国圣保罗大教堂、中国的故宫……无数的珍贵历史遗迹都抵挡不住酸雨的袭击，而失去了往日清晰的轮廓。

此外，酸雨也会给农业生产造成不利的影响，这是因为酸雨可以溶解土壤中对农作物生长极其重要的矿物质，加剧土壤沙化，影响植物正常生长，从而导致生产力下降。同时，土壤中可分解有机物的细菌体也很难在酸性环境中存活。所以，治理酸雨是关系到人类生存环境和健康的重要课题，需要引起人类的高度重视。

■绿色加油站■

治理酸雨的对策

要减少和控制酸雨污染所造成的危害，就要从源头入手，即减少二氧化硫和二氧化碳的排放量。目前最主要的方式有五种：一是利用原煤脱硫技术，通过这种方式可减去燃煤中50%的无机硫；二是使用低硫燃料；三是改进燃煤技术；四是对燃煤产生的烟气进行脱硫处理，从而减少硫氧化合物、氮氧化合物的产生和排放；五是使用清洁能源，如风能、太阳能等。

6. "白色污染" ——难降解的塑料垃圾

不知何时起，原本干净整洁的公路两旁被满地丢弃的包装袋、塑料罐、垃圾袋堆得一眼望不到边际；寒冬时节，凋零光秃的树枝上挂满了各种颜色的塑料袋，有时飞扬的沙尘会卷起这些塑料袋，将它们带上天空，在狂风中被吹得哗哗作响，仿佛无头的苍蝇到处乱撞；而在车站、闹市街头或是建筑工地附近，随处可见被扔得密密麻麻的一次性塑料饭盒；本该春暖花开，阳光明媚的春天，却随处可见郊外庄稼地里遍布的白色地膜和废弃塑料袋，使踏青的游客多了一份无奈，少了一份悠然自得的兴致⋯⋯这一幕幕出现在眼前的情景无一不在提醒人们，"白色污染"的悄然到来。

白色污染是人们对塑料垃圾污染环境的一种形象称谓，

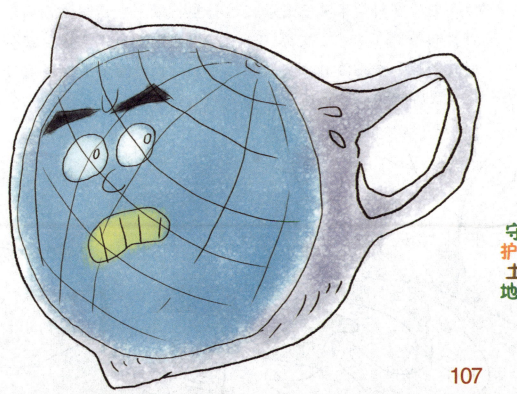

主要包括由聚苯乙烯、聚丙烯、聚氯乙烯等高分子化合物制成的各种生活塑料制品在使用后被丢弃而形成的废弃物。这些白色污染物在环境中难以被降解，如果被随意丢弃将会对生态环境造成严重的污染。

白色污染的危害极大，主要表现为视觉污染和潜在污染。其中，视觉污染是指塑料袋、塑料盒、塑料杯、塑料碗等被人为地丢弃在环境中，会对人们的视觉产生不良刺激，破坏环境美观。

白色污染的潜在危害主要体现在以下几个方面。

（1）使用一次性发泡塑料饭盒和塑料袋盛装食物会对人体健康造成危害，尤其是当盒内温度超出65℃的时候，塑料餐具中的有害物质会散发出来，并浸入食物之中。如果长期使用这种一次性发泡塑料盒包装的食物将会对人体的肝脏、肾脏、中枢神经系统等造成严重的损伤。如今人们普遍使用超薄塑料袋来盛装食物，这种塑料袋一般是聚氯乙烯塑料，而早前人们就已发现，一旦人体接触聚氯乙烯后，就会引发手腕和手指浮肿、皮肤硬化等病症，严重的甚至还有可能出现脾肿大、肝损伤等症状。

（2）使用塑料制品会破坏土壤环境，影响农作物生长。目前，人类使用的塑料制品的降解时间大约需要200年，而农田里的废弃农膜、塑料袋长期残留在土壤中，不利于农作物对水分、养分的吸收，减缓农作物的生长发育，致使农田生产力下降。此外，如果这些残留的废弃塑料农膜不小心被牲畜吃掉，还会引发牲畜患上消化道疾病，甚至死亡。

（3）填埋所带来的污染。目前世界各国对城市垃圾普遍采取填埋的方式，但塑料制品密度小、体积大，能在极短的时间内填满场地，因而大大降低了填埋场处理垃圾填埋的能力。并且，由于填埋场中地基松软，垃圾中聚集的大量细菌、病菌等有害物质极易渗入地下，既造成了地下水的污染，又威胁着周边环境的安全。

（4）如果将废弃的塑料制品直接进行焚烧处理，会对环境造成二次污染。焚烧塑料时产生的大量黑烟中含有毒性较强的二噁英，这是目前毒性最强的一类物质，一旦二噁英渗入土壤中，最少需要15个月才能分解，但在这段时间里，

守护土地

109

它将对植物和农作物造成巨大的危害。

所以，在日常生活中，我们应该拒绝使用塑料袋买菜或盛装食物，多使用菜篮子或布袋，而盛装食物则可以使用不锈钢饭盒，这样既卫生又环保，还能减少对环境的污染。

■绿色加油站■

回收利用是治理"白色污染"的有效途径

废物具有两面性，弃之不用则为垃圾，会污染环境，但若进行回收利用则可变废为宝，令其重新造福于人类。塑料与其他材料相比，具有一个显著的优点，即塑料能够很方便地被反复回收使用。因此，废塑料也是一种资源，对其进行回收后，经过处理可炼油、制漆，或作建筑材料等。所以回收废塑料并使其资源化是治理"白色污染"的关键。

7.医疗垃圾流向了何处

　　如今，大多数饭店提供给客人喝茶饮酒的都是一次性塑料杯，这些塑料杯还出现在企业的办公室和老百姓的家中。一次性塑料杯之所以如此受人们青睐，使用者们给出的答案是：方便、卫生、便宜，尤其是许多人都是冲着它的"卫生"而使用。但是如果告诉你，你手中正在使用的一次性塑料杯极有可能是由一支残留着药剂的注射器或是带有病人血液的输液管制成的，你还能安然自得地继续喝下杯中的水吗？

　　一袋袋污浊不堪并附着大量病菌的医疗垃圾被简单加工后，竟成了与人们生活密切相关的塑料制品原料并流入了市场，不论是带血的针管、血袋，还是污浊的便盆以及各种药瓶等都能成为不法商贩手中的"摇钱树"。这一切听起来有些毛骨悚然，但却是不争的事实。

守护土地

　　垃圾是人类社会的必然产物，目前城市垃圾的处理已经得到普遍的重视，但医疗垃圾不同于普通垃圾，由于医疗垃圾中带有大量的细菌、病毒和化学药剂，因此如果随意堆放和处理不仅会对环境造成严重破坏，还会对人类健康造成巨大的威胁。所以，为了保障生态环境的安全和人类自身的健康，必须从现在开始更加重视对医疗垃圾的处理。

　　医疗垃圾的危害性是生活垃圾的几十倍甚至上百倍，因此在国际上被称为"顶级杀手"或"致命杀手"。

　　医疗垃圾的危害极为广泛，它会对大气、地下水、地表水以及土壤等都造成污染。医疗垃圾长期堆放在露天环境中，会致使氨气、硫化物等大量有害气体释放，不但严重污染空气，且垃圾中分散出的多氯联苯、二噁英等还会诱发癌症。此外，医疗垃圾中残存的病原体、重金属、有机污染物会在降雨和生物水解产生的渗滤液相互作用之下，逐渐污染地表水和地下水，而同时医疗垃圾渗滤液中的重金属会在雨水的冲刷和溶解之下渗进土壤中，致使土壤重金属污染。所以，医疗垃圾的处理上更应格外小心，一旦处理不当就很可能会对环境造成二次污染。

　　医疗垃圾中聚集了大量的致病微生物，还是苍蝇、蚊虫、螳螂、老鼠的繁殖地，这些生物身上会携带医疗垃圾中的大量病菌，又在与人类接触的过程中转移给人类。再者，医疗垃圾中时常存在许多化学污染物和放射性的有害物质，其危险性巨大。因此，如果任由医疗垃圾随意堆放，将可能造成更多的危害。

　　现在世界各国对于医疗垃圾的处理大多采用焚烧化处理。许多国家和地区都建立了专门的医疗垃圾焚烧厂或焚化处理场。医疗垃圾焚烧后的残渣体积仅占原来体积的5%～25%，且焚烧产生的热量还可以被再次利用。因此，统一处理医疗垃圾，减少城区排烟点，可以大大减轻对大气的污染。但可惜的是，目前对于医疗垃圾的处理，有的单位处理较好，有的单位却处理得不够彻底，甚至还有一些单位不仅不采取任何处理措施，还将医疗垃圾肆意乱倒，将它们与生活垃圾混在一起，一旦被不法商贩回收再利用，将成为病毒和细菌的传染源，给环境和人类健康都将造成巨大的伤害。

■绿色加油站■

"剧毒垃圾"成"摇钱树"

带有大量有毒物质的医疗垃圾如今成为了一些不法商贩眼中的"摇钱树"，他们昧着良心将医疗垃圾当成普通玻璃和塑料进行交易。例如"大瓶"被压成玻璃碎片卖给玻璃厂，"小瓶"直接卖给废品收购站，250毫升容量的"中瓶"则卖给专门的回收人员，在

简单的清洗和消毒之后又被再次利用；而针筒、输液管则被当成普通塑料卖给废旧塑料加工厂，最终又以成品或配件形式流进市场，给人类健康安全造成极大的威胁。

守护土地

113

8.危害巨大的重金属污染

关于重金属污染的事件已屡见不鲜，从著名的血铅超标事件，到闹得沸沸扬扬的镉米风波，重金属污染已经影响到了我们的生活环境。

重金属以各种化学形态存在于环境之中，危害巨大。日本有一种名为水俣病的疾病，是由于人食用了含有有机汞污染的鱼贝类水产，进而有机汞侵入脑神经细胞引起的。此外，重金属一旦进入人体，会与蛋白质及各种酶发生一系列化学反应，一方面使蛋白质和各种酶失去原本的活性，另一方面大量富集在某些器官之中，当超过人体的承受限度时，就会引发急性中毒、亚急性中毒、慢性中毒等，给人类健康带来巨大的损害。

重金属种类繁多，但对人类和环境造成危害的主要是以下五种元素：

（1）铅污染。铅是一种可蓄积在人体和动物组织中的有毒金属，主要来源于油漆、涂料、蓄电池、化妆品、染发剂、油彩碗碟、膨化食品、燃煤、自来水管等。金属铅会借由皮肤、消化道、呼吸道进入体内，与各种器官相互作用，进而引发贫血、神经机能失调、肾损伤等病症。

（2）镉污染。镉具有极强的毒性，它主要积蓄在人体

的肾脏部位，对泌尿系统造成损害。主要来源于电镀、采矿、冶炼、燃料、电池以及化学工业等排放的废水。其中，废旧电池中的镉含量最高，其次是蔬菜水果，尤其是蘑菇中，而在奶制品和谷物中存在少量的镉。如果人类长期食用被镉污染的食物，将会导致骨骼逐渐软化，甚至造成骨头断裂，还会引起胃脏功能失调，血压急剧上升。

（3）汞污染。汞与汞化合物皆为剧毒物质，主要来源于仪表厂、贵金属冶炼、照明灯、齿科材料、水生生物、燃煤等。金属汞进入血液中会转移至脑组织，并在脑组织中逐渐积累，当积累到一定量时将会造成脑组织损伤，而剩余的汞离子则会趁机转入肾脏中；无机汞离子进入水体后还会转变为毒性更剧烈的有机汞，会通过食物链被人体吸收，从而引发人体全身中毒。

（4）砷污染。砷元素的毒性非常小，但砷的各类化合物却都含有剧毒。其实，在土壤、水、空气、植物以及人体中都含有微量的砷元素，通常是不会对人体造成危害，但如果摄入量超出排泄量，砷就会在人体的肝肝、肾、肺、子宫、胎盘、骨骼、肌肉等部位积累，并与细胞中的酶结合，使酶失去活性，特别是如果在毛发和指甲中蓄积，将会导致慢性砷中毒，并可在人体内长期潜伏几年至几十年。

（5）铬污染。金属铬的来源主要是劣质化妆品原料、皮革制剂、工业颜料、鞣革、橡胶以及陶瓷原料等。如果不小心误食将会出现中毒症状，并引发过敏性皮炎或湿疹，进入呼吸道则会在刺激和腐蚀的作用下，诱发咽炎、支气管炎等病症。

重金属的分布十分广泛，在大气、水体、土壤、生物体

守护土地

中都有其身影，而底泥更是重金属的储存室和落脚点。如果环境发生变化，存在于底泥中的重金属形态也会随之发生变化，并释放造成污染。重金属无法被生物降解，一旦对土壤形成污染将难以逆转，已被重金属污染的土壤通常只能采取调整种植品种以进行回避，这也是重金属污染日益受到人们关注的原因。不过，只要我们从源头加以控制，就一定可以或多或少地减轻重金属污染。

■绿色加油站■

"镉米"：饭中的"48号魔鬼"

镉，是一种有害的重金属，呈银白色，因在元素周期表中排在第48位，所以被称作"48号魔鬼"。相关研究表明，水稻是所有谷物中对镉的吸收最强的作物。镉米的危害巨大，最早发现于20世纪60年代的日本。由于日本过度地开矿致使镉大面积污染农田，农民长期食用遭受镉污染的稻米后中毒。日本的"镉米中毒"事件，曾被国际卫生组织列为20世纪八大公害事件之一。

9. "环境毒药"——电子垃圾

有人说，生活在如今这个时代是最幸福的，因为各种电子产品不仅给我们的生活带来了诸多便利，还丰富了我们的娱乐文化。人类无疑是地球上最聪明的生物，电脑、手机的发明让全世界真正变成了一个家。科技的发展令一代代电子产品经久不衰，市场上永远充斥着各种最新款、功能最强大的电子产品，而Ipad、Iphone更是这其中的佼佼者。然而，当我身边的电子产品越来越多，在享受它带来的生活便利时，一个隐藏在繁荣表象背后的新问题却也随之而来，那就是大量产生的电子垃圾。

事实上，电子垃圾中所含有的有毒化学物质远远超乎我们的想象，比如一台15英寸的电脑显示器中就含有镉、汞、铬等有害物质，而在电脑的电池和开关中含有铬化物和汞，在电脑元器件中还含有砷、汞及其他多种有害物质；在电冰箱、电视机、手机、激光打印机、复印机等电子产品中也含有大量的铅、汞、铬等重金属。在日常生活中，我们经常可以看到，在一些垃圾桶内或者垃圾堆放处，混杂着许多被人们丢弃的废旧家电或零部件，这些电子垃圾如果长期堆积，或处理不当，那么其所含的重金属污染物会泄

117

露出来，一旦被人体接触就会危害健康，而有毒物质渗入土壤中还会对土壤造成危害。

此外，对于电子垃圾的处理，有不少人会通过掩埋丢弃的方式，认为将其掩埋在土层中就能令其慢慢降解，但实际上却恰恰相反，因为这样会使电子垃圾中所含有的铅等重金属渗透进土壤中，进而污染土壤和水源，再经由植物、动物和人类的食物链循环，最终导致中毒事件的发生。而如果对其进行焚烧，还会释放出二噁英、呋喃、多氯联苯等大量的有害气体，若被人体吸入，不仅会引发各种肺部感染疾病，还会诱发各类癌症，对人类的健康无疑是极大的威胁。

电子垃圾的危害如此之大，如今已逐渐成为了威胁全球的又一环境杀手，它除了直接对环境产生污染外，对其回收处理不当还会对环境带来二次污染。

曾几何时，我们发现回收废铜烂铁或报纸书籍的商贩逐渐少了，而回收旧家电的人却日渐增多，最常见的情景就是一些人会因为回收旧家电的商贩给出的价格过低而斤斤计较，舍不得将几千甚至上万元价格买来的家电以区区几十元的低价卖掉……然而，当我们在计较价格的同时，是否想过小商贩们回收这些在我们眼中看起来毫无价值的废旧家电的目的何在？

其实，电子垃圾虽然属于垃圾的一种，但因其含有金、银、钯、铜、铝、锡等大量宝贵资源，具有极高的利用价值。电子垃圾中所含的贵金属，其品质是天然矿藏的几十倍甚至几百倍，且回收成本又大大低于开采自然矿床，因而如今渐渐已经成为一种新型"城市矿藏"。据了解，1吨电脑主板可提炼黄金300克至400克，经济价值十分可观，且利用电子垃圾还能提炼再生钢材及回收热量作为能源等，不但可变废为宝，继续造福人类，还能节约资源，减少污染。但是，目前人们对电子垃圾的处理大多采取人工拆解、酸洗、焚烧、填埋等极易造成污染的处理方式，在这一过程中致使大量的有毒物质、液体被填埋或渗入土壤中，不仅污染了地下水源，毒化了土地，更直接危害了人体健康。因此，在日常生活中，我们应该更加注重对电子垃圾的处理，不要让带给我们便利和欢乐的电子产品变成祸害子孙后代的"环境毒药"。

■绿色加油站■

中国成世界最大的"电子垃圾场"

　　虽然中国早在2002年就明令禁止进口电子垃圾，但在巨大的利益驱使之下，加上环境标准和法律执行力的欠缺，使得电子垃圾进口屡禁不止。据悉，目前全球年产电子垃圾大约5 000万吨，而仅中国每年就产出230万吨电子垃圾，居全世界第二位。然而，由于全球电子垃圾中有七成以上通过各种渠道流向了中国，因而使得中国成为世界最大的"电子垃圾场"。

守护土地

10.小电池，大污染

各种各样的电子产品的诞生，伴随而来的是电池的使用率增加，手机、平板电脑、手表、计算器、电动玩具等这些电子产品都是依靠电池来维持其功能。电池的发明为人类的生活带来了便利，别看它个头小，却储存着巨大的能量。但十分棘手的是，使用完的废旧电池如果没有妥善处理，将给环境带来严重的破坏。

废旧电池的危害令人触目惊心，它如同一颗原子弹，随时都有可能"爆炸"，而在其爆炸范围之内的任何生物都会受到损害，尤其是对人体健康造成的危害最大，严重时甚至会危及生命。据相关资料显示，一节一号电池如果被填埋在土壤中，其腐烂后流出的有毒液体和物质可使周围1平方米的土地永久性毒化；而一粒纽扣电池可以污染600吨水，这几乎相当于一个人一生的饮水量。

关于电池的危害有一个著名的案例，事件发生在日本。1939年11月，日本的神奈川县的一家脑科医院收容了一名神志不清的男子，该男子发病初期表现为不明原因的面部浮肿，到了第三日浮肿开始蔓延至脚部，第八日的时候，他的视力逐渐衰退，一边哭泣一边自言自语，最终整个人神志不清，在极度的痛苦之中，渐渐心力衰竭死亡。所有人都认为这名男子是得了某种疯病，但很快与这名死去的男子同村的15个居民也被陆续送进了医院，且症状相同。这起事件引起了医学研究人员地注意，在进行调查和尸体解剖后，断定这些人皆是死于重金属中毒。医学研究人员事后调查发现，这些死者生前都饮用了村中某商店周围3口水井的水，而饮

120

用过1号水井中水的几人皆出现了中毒现象。更让人吃惊的是，在距离1号水井5米之内的土地中竟然挖掘出了380节已腐烂的废旧电池。经查证后才知道，原来是这家商店将顾客丢下的废旧电池集中填埋在了后院，使得井水被污染，进而酿成了这一悲剧。

目前，市面上流行和使用最多的电池主要分为三类，分别是纽扣电池、充电电池以及普通干电池。纽扣电池中含有汞，如果随手丢弃在自然界中，当其外层的金属被水锈蚀之后，里面的汞就会溢出来，并渗入土壤和地下水中，再通过农作物进入人体，损害健康。同时，在微生物的作用之下，无机汞会转化为甲基汞，可在鱼类体内聚集，一旦被人类食用，甲基汞将侵入大脑细胞，使神经系统遭到破坏，情况严重还会致人发疯死亡。充电电池内大多含有有害金属镉，镉会令人骨质疏松，使骨骼变形，诱发骨痛或肝肾受损等病症。普通干电池中不仅有汞还有铅和酸碱，渗出后会对环境和人体造成巨大的威胁。

所以，废旧电池绝不能随便丢弃在自然界中，而应该对其进行分类回收和处理，否则将对土地和人类造成长期危

守护土地

害。所幸，现在不少人已经对废旧电池的危害有了一定地认识，世界上许多国家都将废旧电池作为有毒废弃物，将它们单独回收处理，如美国、日本等发达国家的商店还做出了购买新电池时必须交回废旧电池的规定。但人们目前所作的还远远不够拯救被废旧电池污染的大地，因此只有将回收废旧电池的观念纳入每个人的日常行为之中，才有可能改变目前废旧电池的污染现状。

■绿色加油站■

电动车废电池"无家可归"

　　随着电动车的逐渐普及，电动车废旧电池的处理也成为了人们关注的焦点。据了解，目前电动车废弃电池主要是由一些废品收购站收集，他们将收集回去的电池里的酸液倒掉后，挖取出里面的铅块后再转手卖给别人。在这种混乱的回收渠道中，这些废旧电动车电池经由"专业人士"加工后，改头换面再次进行出售。但是，在将电池里的酸液倒掉的过程中，会使其中的有毒重金属物质渗入土壤和地下水中，直接或间接地对环境造成污染，使人们的健康遭受威胁。

五 保护土地，从身边做起

　　环境是人类赖以生存的基础，而土地如同地球的血肉，更是人类生命依赖的物质基础，保护环境就是保护我们生存的家园，珍惜土地就是珍惜自己的生命。当前日趋恶劣的生态环境和严重的土地污染，一次又一次给人类敲响了警钟。为了我们这一代以及子孙后代的幸福安宁，为了人类未来的生存和发展，让我们携起手来，从身边的小事做起，从一点一滴做起，共同保护我们赖以生存的家园。

1.植树造林，防止沙漠化

　　土地沙漠化是目前最为严重的环境问题之一，它会直接威胁人类的生存。然而，人类对土地的破坏却从未停止过，乱砍滥伐森林，过度放牧，矿藏资源的不合理开采等，致使全世界各地越来越多的可利用土地变为了沙漠，原本肥沃的良田成了寸草不生的贫瘠之地，无数的农民失去了土地，变成了流浪他乡的难民。没有了土地就没有了粮食，而民以食为天，没有了粮食人类谈何生存与发展？

　　相关研究表明，阻止土地沙漠化的最有效途径就是大力植树造林，因为当气流遇到森林植被时会被阻挡、分割及摩擦，从而使部分气流功能减弱，降低风速。森林为地球树立了一道天然的防护带，当狂风来袭，它可以有效阻挡风沙，减弱风力，不仅对改善局部小气候有显著的效果，而且还能起到防风固沙，防止土地沙漠化的作用。

水土流失是造成和加剧土地沙化的根本原因，因此水土的保持对于防止土地沙化有着极其重要的作用。哪里植被覆盖率低，水土保持能力就会下降，而每当雨季来临，河水中就会流入大量的泥沙，致使田地毁坏，河床抬高，入海口被淤泥堵塞，从而造成严重的水土流失。要改善和防治水土流失，就要多植树造林，因为树木庞大的根系像巨手一般牢牢抓住土壤，并不断吸收着土壤中的水分。

风沙具有极强的破坏力，它的威力惊人，所到之处会一片狼藉，农田园地会被埋葬，城市山村会变成废墟。所以，要抵御风沙的袭击，就要多植树造林，以减弱风沙的力量，据测算，一旦风遇到森林，其速度便会降低70%～80%，如果排列种植多条林带，并在林带之间的土地上种上绿草，还能有效降低风沙刮起的沙尘。

森林是大自然馈赠给人类最宝贵的资源，它带来的好处实在是太多了。除了可以保持水土之外，它还能阻止水灾，预防旱灾的发生。据悉，森林地区的地下蓄水量要比无森林地区高出80倍！在广阔无垠的大森林中，厚厚的落叶层和错综复杂的植物根系，犹如一张巨大的吸水网，它可以蓄存雨水，调节气候，当气候干燥的时候，森林会将平日积蓄的大量雨水由植物根系输送至叶面，在阳光的蒸腾作用下形成水气，水气在高空中与冷空气相会，便会变成雨水降落下来，使干涸已久的土地得到滋润。所以，森林被誉为天然的"绿色水库"。

此外，森林对于保持大气中二氧化碳和氧气的平衡有着十分重要的作用。在光合作用下，森林中的绿色植物不仅可以使太阳能转化成各种类型的有机物，还能吸收大量的二氧化碳并同时释放出氧气，不但净化了空气，还能为人类提供源源不断的新鲜空气。正是由于森林与人类的生存以及自然界的生态平衡有着密切的联系，所以森林还被称作"地球之肺"。

　　由此可见，森林如果消失了，将会给人类带来灾难性的后果。我们不是要抑制水土流失，阻止沙漠继续蔓延吗？最有效的方法就是植树造林了。如今，低碳、节能、环保已经成了人们时常挂在嘴边的词语，可见保护环境已经逐渐成为全人类的共识。保护环境，阻止沙漠化刻不容缓，我们应该从身边小事做起，多植一棵树，多造一片林，就能绿化我们的生活环境，阻止沙漠的蔓延，保护我们赖以生存的家园，又何乐而不为呢？

守护土地

■绿色加油站■

不科学的植树造林会加速沙漠化

英国政府国际开发部资助的一项"森林研究项目"在历经4年的研究后发现，不科学的植树不仅不会改善土地沙漠化，反而会使地下水下降、河流干涸，加速沙漠化蔓延。虽然植物具有极强的水土保持功能，能够防沙固土，但由于森林本身也会从土壤中吸收水分，因此在一些极度缺水的干旱地区，不宜大面积种植树木，否则树木的根系会将本就干燥的土壤中残存的少量水分吸走，致使当地的沙漠化程度加剧。

2.消灭电子垃圾，为环境"解毒"

电子产品带给了我们太多的便利，但电子产品毕竟也是一般的商品，它也会随着时间的增加而损坏或报废，但问题也随之而来了，那就是堆积在家里的电子垃圾越来越多，该如何处理呢？事实上，这个问题已经成为世界各国环保部门头疼的问题，全球每年产生的电子垃圾所带来的环境问题日益严重，尤其是电子垃圾对土地的污染危害最大，其产生的重金属致使大量的土地"中毒"而荒废。因此，如何消灭电子垃圾，为环境"解毒"已经成为全世界共同的目标。

要消灭电子垃圾污染，目前最有效的办法就是对其进行回收再利用，但这是一项专业性极强，且技术含量颇高的工作。1992年世界各国签署的《巴塞尔公约》中明确规定，各国产生的有害物质必须在本国境内处理，不能以任何理由转移至其他国家。但事实上许多国家并没有按照公约履行，发达国家仅有5%～15%的电子垃圾被回收利用，剩余大部分则被运往亚洲的一些发展中国家，而其中有90%被运送到了中国。

目前，欧盟、美国、日本等发达国家和地区对于电子垃圾的回收利用及处理方面的立法相对比较完善，在发达国家，消费者在报废电子产品时需支付相应的费用，但在中国等发展中国家，消费者卖出报废电子产品时还能从收购的小贩手中获得一定的回报。然而，这样一来却使得60%的电子垃圾在被小贩低价收购后，经过简单的翻新后被再次出售，而还有一些则被送到地下小作坊中，由于不科学的处理方式使得电子垃圾被当成普通垃圾直接丢弃，从而造成了严重的二次污染。

值得一提的是，在电子垃圾的回收利用方面，美国的一些企业走在了世界前列。早在美国各州对电子垃圾的处理进行立法管理前，惠普公司就已经开始对报废的电脑等产品展开了回收业务。一直以来，美国都是全球电子产品生产与消费大国，也是电子垃圾的最大制造者之一，每年产出的电子垃圾高达700万吨，且呈逐年增长之势，比普通垃圾的增长速度高出2～3倍。面对如此惊人的增长速度，美国人不得不开始建立专门的电子垃圾回收中心以解决这一棘手的问题。

但是，电子垃圾中不仅含有大量的有毒物质，且极难处理，在自然条件下几乎很难被降解。因此，如果这些有毒物质混入生活垃圾中堆积在土地之上，将会给环境和人类健康造成难以估量的危害。所以，要想处理这些电子垃圾就必须首先对其进行分类。如今的美国早已建立了许多技术成熟的电子垃圾回收处理企业，也成立了一些专业分工的公司。在密苏里州的一家电子垃圾回收中心，居民若想要处理掉废旧的电子产品仅需支付5～25美元。而在欧洲一些国家，生产

厂商会负责回收顾客报废的电子产品，并力求产品设计更加环保，尽量减少使用有害材质。

由此可见，从源头上减少使用有毒物质，是减少电子垃圾污染的根本措施。如在电子产品中减少塑料的使用种类、多使用可再生材料、采用无铅材料、导电胶等代替传统锡铅材料等，不但可以促进电子垃圾回收过程的简单化，还能使产品的使用寿命延长，进而从源头上减少电子垃圾总量。此外，对部分废旧产品和零部件再循环利用也能有效减少电子垃圾。而对于一些无法二次利用的电子垃圾则应该采取无害化处理，对其进行分类并交给有资质的专业企业来处理则是消灭电子垃圾，为环境"解毒"最为有效的途径。

"浑身都是宝"的旧手机锂电池

　　其实，废弃手机中的可充电锂电池具有多种回收价值，比如对其正极材料中的铝进行"热分解"，可以分离出银白色的金属铝，同样对其负极材料进行"捶振"、"筛分"等，也可回收98%的金属铜；而通过对废弃锂电池中的钴酸锂去除杂质并修复，能够恢复其电化学性能，并用于电池的再生产。

回　收

3. "各显神通"，围堵废旧电池

　　废旧电池的危害已经引起越来越多人们的重视，电池中含有的大量重金属使得大片土地遭受严重的污染，全球多国都深受其害。在回收和处理废旧电池上各国都竭尽全力，他们"各显神通"，使出各种妙招对废旧电池进行全方位的围堵，力求减少废旧电池对环境的破坏。

　　在德国，购买电池时必须支付一定金额的押金，在下次购买新电池时必须送回废旧电池，而商家必须无条件接受废旧电池，并转送厂家处理。而顾客只需要将电池送回就能返还之前支付的押金。德国采用的是撒网式的收集系统，其覆盖范围广泛，主要包括居民小区的生活垃圾收集系统、废旧家电收集系统、包装收集系统等，均被充分利用起来，在各个场所都设置了专门的电子垃圾收集箱，并有专门的卡车定期对其清理。此外，德国的许多企业还会将废旧电池磨碎后，通过熔炉加热而提取挥发出的汞、锌、锰、铁等可再利用资源。如锰铁化合物是炼钢的原料；而还有一些企业还会将从电子垃圾中提炼出的氧化锰、氧化锌和氧化铜等金属混合物直接出售，从而换取相应的利益回报。

　　在瑞士，废旧电池的回收处理率高达66.4%，与欧洲其他国家25%～40%的电池回收率相比，这无疑是一个奇迹。瑞士之所以可以实现超高的废旧电池回收率，主要得益于全民的鼓励和支持，并制定了一系列完善的法律法规。在废旧电池的处理上，针对不同类型的电池，瑞士政府会采取不同的处理方式，如深层填埋、热处理、溶液湿处理等。其中，热处理由于会消耗大量的能源，处理成本也会较高，但却对

守护土地

131

环境破坏最小，且通过不同温度的热处理还能获得氧化铜、氧化锰、氧化镍等金属混合物，所以热处理一直以来都是瑞士处理废旧电池的主要方式。

在美国，消费者购买汽车电池时，需要交纳5美元作为将来回收的费用，这一措施使得美国的汽车电池回收率几乎达到了100%。此外，美国政府还对铅酸电池、镍镉电池设置了指定的回收点，而不少商家还会提供免费的电池回收服务，如沃尔玛超市就有专门的电池回收箱，钟表柜台也会对手表中的电池负责回收等。因此，消费者不但可以将废旧电池返还给制造商，还能交给零售商或批发商。

在法国，自2001年1月起，法国政府就颁布法令，强制生产、销售企业对电池进行回收分类，规定销售商必须向顾客提供免费的电池回收服务，在电池广告中也必须注明回收地点。同时，还要求消费者不仅要将废旧电池返还给商家，还要懂得如何区分不同类型的电池成分和分类标志，从而更好地对废旧电池进行分类处理。

在日本，普通干电池通常是作为不可燃垃圾进行处理，但在丢弃之前，要求民众必须将电池的正负极用绝缘胶带封住，特别是一次性锂电池。因为如果在丢弃之前，电池中还有剩余的电量，则很可能在与金属的摩擦中出现发热、破裂等情况，严重时甚至会引起火灾。

除了以上这些国家以外，还有许多国家都对废旧电池的回收处理作出了相应的立法和积极的应对措施，虽然有的国家的立法尚未完善，在处理方式上也并不成熟，但值得肯定的是，各国对于治理废旧电池污染的态度都是积极的。更重要的是，在政府和相关环保人士的影响下，已经有更多的人开始注意废旧电池对环境的危害，相信只要大家一起努力，终能克服这一环境难题。

■绿色加油站■

再生铅的利用

铅是一种比较稀少的资源，全球50%以上的铅是由锌、银、铜等矿石副产品中获得。目前，全球对于原材料铅的使用范围主要包括铅蓄电池、无机药品、焊锡等产品中。在日本，75%以上的铅被用于铅蓄电池。自1979年起，铅的价格一路高涨，直至1991年才逐渐出现价格下滑趋势。但随着全球汽车的发展和数量的增多，铅的需求量和价格也再次提升。从中看到巨大利润的日本，决定对废旧电池中的铅金属进行回收再利用，并借由再生铅的出口赚得丰厚回报。

守护土地

133

4. "限塑"从你我开始

自20世纪70年代起，塑料袋便迅速扩散至人们日常生活的各个方面，因其方便、耐用、便宜等优点而成为人们使用最为广泛的塑料制品之一，但以原油为原材料制成的塑料袋却难以被自然分解，会对环境造成巨大的危害，所以又被人们称作"人类最糟糕的发明"。对此有人预言，塑料袋将成为保存在博物馆展示窗里的物品，人们只能隔着玻璃窗观望曾经陪伴人们生活、无处不在的塑料袋。假如这个预言成真的话，那将很大程度要归功于最近几年全世界范围内掀起的一波又一波的限塑风潮。美国、爱尔兰、中国、瑞典、乌干达、印度等国纷纷响应这一倡议，对塑料袋发起了禁用令，世界各国都开始学会向塑料袋说"不"！

限塑风潮一掀起，德国大部分的商场便不再提供免费的塑料袋，而是提供给消费者除了塑料袋以外其他的选择，如帆布袋或棉布购物袋。当然，商家也会根据消费者的选择收取一定的费用，同时政府还会对向消费者提供塑料袋的商场收取相应的回收费用。而孟加拉国对于限塑令的执行力度更加彻底，其法律中有明确规定，私自进口销售塑料袋最高可获刑10年，而发放塑料袋者还将获处6个月的监禁。这条法律一出台，不少商家都遭到了巨额的罚款。此外，非洲肯尼亚、乌干达及坦萨尼亚的桑给巴尔岛地区，几乎同时在2007年下令禁止生产和进口塑料袋；而新加坡也在2007年4月举行了"自备购物袋"活动，并以非强制性的方式要求全国200余家超市提倡和鼓励消费者减少使用塑料袋。

虽然限塑令立即得到了全球各国的积极响应和支持，却仍然有一个无法回避的问题摆在我们面前，即在过去的一个多世纪里，人们早已习惯了塑料袋所带来的便利，如今要让已经被塑料袋宠坏的人们再重新养成拎着竹篮或挎着帆布袋、棉布袋去逛街购物的习惯，显然是具有一定难度的。其实，塑料袋本身并无大错，错误的是人们对它的使用方式，如不合理的使用、过度的浪费、不彻底的回收、不完善的立法……都会使塑料袋成为危害环境的污染之源。

　　减少使用塑料袋不单是国家的目标和任务，更是我们每个人共同的责任。而提高塑料袋的循环使用率就是最佳之策，假如将每一个塑料袋的功能都发挥到最大程度后再进行回收，并对其进行再加工利用，通过循环使用以达到减少污染和节约成本的目的。

守护土地

135

时至今日，"限塑"已经成为一种时尚。为了增加购物袋的便携性，美国的设计师利用尼龙纤维制作出了一种精致小巧的购物袋，折叠后仅有钱包般大小，能够让使用者随身放在口袋中。另外，科学家们还发明了可生物降解的塑料袋，但因其耐力不及普通塑料袋，且制作成本较高，所以一直无法被广泛使用。随着科学技术的不断进步，可生物降解塑料袋不仅耐用度有了提升，且成本也大幅降低，相信在不久的将来就能进入企业大规模生产。目前我们唯一可以做的就是尽量让结实耐用的塑料袋多重复使用几次，因为多循环一次，就多环保一点！

■绿色加油站■

纸袋并不比塑料袋更环保

在欧美等发达国家，商家们在舍弃使用塑料袋后更趋向于看似环保的纸袋。然而，从某种程度上来说，纸袋的环保性并不比塑料袋更好，因为如果想要让纸袋更加方便耐用，就必须要借助铝箔、塑料薄膜等物质。这样不但增加了成本，还会给回收处理增加难度。经研究发现，纸袋在生产过程中，会带来更多的污染；且生产纸袋所消耗的能量比生产塑料袋高出4倍，而回收后循环使用塑料袋所需的能量比循环使用纸袋少了约91%。由此可见，纸袋也并非真的如人们想象地那样环保。

5.得不偿失的过度包装

　　如今，许多人在购买商品时往往会被其华丽精美的外包装所吸引，而节日给长辈送礼也大多不再尊崇过去的礼轻情意重，而是宁愿选择价格昂贵，包装显眼的礼盒作为礼物。即使很多人心里很清楚这些礼盒的价格远远低于其实际价值，但无数爱面子、讲派头的人士还是心甘情愿地掏腰包。商家正是抓住了大多数消费者的这一心理，使得过度包装现象愈演愈烈，商家从中牟取暴利，却坑害了消费者的利益。试想一下，当你花费高价购买了一件商品，却发现除了没有任何实用价值的美丽包装外，它与市场上那些物美价廉、没有经过包装的商品其实是一样的，你难道不觉得可气吗？不会有一种被欺骗的感觉吗？

　　在我们的日常生活中，过度包装现象几乎随处可见，不论是大型购物商场，还是街边的小卖部，各种漂亮精致的外包装犹如一道道靓丽风景线，在引起人们对某种商品注意的同时，也给消费者造成一种误导。例如图书商店里的一些图

守护土地

137

书喜欢采取多层包装，有使用木盒的，也有使用铜制盒的，像这类所谓的精品包装书籍其售价大多高得离谱；而保健品的包装虽比起其他金光闪闪的礼品盒显得中规中矩多了，但又有多少保健品是真正担当得起"货真价实"四个字的呢？一盒礼品被包装了五六层，不仅浪费了大量的材料，还占据了很大的空间。诸如此类实际价值低于购买价值的商品，都属于过度包装的一种。

其实，商品包装是商品在生产和流通过程中为了保护商品品质完好、数量完整、提升销售形象的一种商品外在包装形式。商品包装本身是有益于商品销售的，但却因为商家对美观的过度追求而过度包装，以增加商品的附加值，借此来提高价格，牟取暴利。在提倡绿色环保的今天，过度包装不仅造成某些自然资源的浪费，还会给环境造成严重的污染。

过度包装是一种得不偿失的行为，因为无论包装多么精致，当商品到了人们手中时，外包装还是会被撕毁丢弃，变成污染环境的垃圾。过度包装与发展循环经济的理念是相悖的，它已经成为危害全球的一大环境问题。从商品种类来看，粽子、月饼、酒、茶叶等食品是过度包装的"重灾区"，尤其是每逢节日时，包装废弃物在家庭生活垃圾中的比例就会大幅度提升。如果继续下去，那么过度包装制造的垃圾将对生态环境造成更加严重的破坏。

遏制过度包装不仅是一种迫切的现实要求，更是净化市场、保护环境、厉行节约的必要举措。因此，首先要培养理性的消费观念、抑制送礼之风等，并加强商品包装规范的立法。其次，在包装材料的选择上应该更加环保，设计上应倡导简单、大方，并建立相应的回收利用渠道，这样一来可减少对环境的污染，二来也能减少资源的浪费，有利于形成可持续发展的经济模式。

网购物流带来的过度包装

　　随着网购的兴起，这种便利的购物方式已经成为一种日常消费方式。与传统购物方式相比，它不用开车出行，不用购物袋，不用商品结算纸条等各方的材料，因而更加低碳环保。但不少网购者却发现，这种购物方式在物流方面却并不低碳，常常是在里三层外三层的大纸箱子里，塞满充气的塑料袋，不仅浪费资源，而且也会造成许多污染。

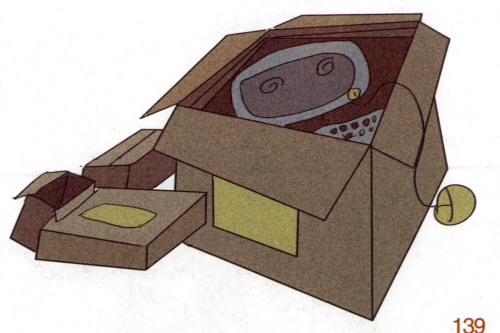

守护土地

139

6. 让垃圾变废为宝

垃圾在大多数人眼中是毫无利用价值的废物，但有人却说，垃圾是放错地方的财富，只要合理利用，也能变成宝贵的资源。这种说法是很有道理的，因为被人们丢弃的垃圾中确实存在着大量的可利用资源。比如金属，在生活垃圾中有许多饮料瓶或食物罐等，有的材质为铁，有的为铝，如果对这些金属制品进行统一回收，可获得巨大的经济价值。

在美国，仅铝这一种金属，被当作垃圾填埋掉了68万吨以上，价值超过了18.3亿美元。塑料、废纸、木材这三种东西也大量存在于垃圾之中，共占垃圾总量的50%。据悉，一吨废旧塑料大约可制作出700千克的塑料原材料，而一吨废纸和木材则大约可以制作出850千克的再生纸，相当于少砍伐300千克的树木，并减少了石油的消耗，因为石油是制造塑料的原料，从这一点来看，对垃圾进行回收再利用是节约资源、保

护环境的有力举措。垃圾中最值钱的宝贝是那些被腐烂的垃圾覆盖住的有机垃圾和泥土，在瑞典，由腐烂的垃圾形成的土壤是价格最高的回收品，人们将其广泛应用于覆盖材料、堆肥和草皮改良等方面。

虽然垃圾中埋藏着如此多的宝藏，但由于缺少一个行之有效的垃圾分类系统，以至回收成本十分高昂，所以一直以来即便铜业、铝业公司明知垃圾中有丰富的铜和铝，却仍然不愿涉足其中，因为比起从垃圾中回收铜和铝，直接挖矿反而成本更低。但是，随着全球经济的快速发展，人类对自然资源的肆意开采，已逐渐让许多资源出现了紧缺现象，在这一严峻的形势之下，如何让垃圾变"废"为"宝"，继续为人类造福，便成了世界各国关注的焦点。

在垃圾的回收及再利用方面，国外的一些发达国家已经有了相对深入的研究和许多成功经验。例如：加拿大从垃圾中回收的废旧玻璃瓶制作成玻璃砂，在与混凝土和颜料混合后，既能制作屋瓦，又能制成新型的过滤器，效果比活性炭更好；芬兰将塑料垃圾添加到沥青之中，用其铺出的道路不但弹性好，且能降低车轮摩擦发出的噪声；法国将废旧的轮胎装进特制的金属箱中，以吸收噪声；日本不仅用废弃的食

用油制取一种新型的汽车燃料，还利用中药药渣生产出硬质包装纸，以作为中成药的包装材料，既节约了成本，还保护了环境；美国利用废纸制作出了一种新型的板材，不但可以用作挡板、隔层板，还能用作厨房地板。此外，德国的一家缆绳制造厂还利用废磁带制成了一种与钢丝绳韧性相当，且不会生锈的新缆绳；而美国的耐克公司，还会对旧耐克鞋进行回收再利用，1994年，这种用旧耐克鞋生产的新运动鞋就已经在美国市场上销售了。

随着天然矿产资源日益减少和枯竭，再生资源显得越来越重要。垃圾中可被再利用的资源还有许许多多，但值得注意的是，废旧电池、废旧日光灯管、废水银温度计及过期药品等这类含有有毒或有害物质的垃圾，绝不能与生活垃圾混在一起，更不可随手丢弃，而应该进行专门的处理。其他一些如砖瓦陶瓷、渣土等难以回收利用的垃圾则应采取卫生填埋的处理方式，从而减少对土壤、水源及空气的污染。

■绿色加油站■

别将蔬果皮当废物丢掉

日常生活中，许多人都会将苹果皮、橘子皮、茄子皮等蔬果皮轻易丢弃在垃圾桶里，这样不仅增加了垃圾数量，还加剧了环境污染。同时造成了大量的浪费，因为外皮既是水果蔬菜抵御外来有毒物质侵蚀的天然屏障，还聚集了丰富的营养物质，许多果蔬皮都具有防病治病的功效。例如苹果皮中富含果胶、膳食纤维以及大量的维生素C、青花素和多酚类物质，不但能促进胃肠道蠕动，还能抵抗衰老。各种蔬果皮都有其各自的功效，如果将其当作垃圾直接丢弃实在是太可惜了！

7.小小口香糖引来环境大麻烦

如今的男女老少都喜欢没事嚼嚼口香糖，一些年轻人更是将嚼口香糖当作一种时尚的表现。然而，就是这小小的口香糖，却给环境带来了大麻烦。

口香糖本是印第安人的一种食品，因其中含有大量的糖分、糖浆及胶基，所以逐渐成为人们缓解精神焦虑、锻炼面部肌肉、保持口气清新的美味糖果。但由于很多人都忽略了对嚼过的口香糖的处理，使得大量的口香糖残渣被随意丢弃在环境中，有些人甚至为了所谓的"好玩"而将嚼过的口香糖粘在旅游景区的墙上、供行人休息的椅背上、车站和街头张贴海报中广告模特的脸上……在长期的风吹日晒中，这些口香糖残渣会逐渐变黑，成了一块块脏兮兮的黑点，就像是美丽的城市长出了"雀斑"，对城市形象造成巨大的破坏。

守护土地

143

　　口香糖中的糖分和糖浆能够溶于水，在不断的咀嚼中它们会被口腔中的唾液渐渐融化，而最终人们吐出的口香糖残渣主要成分是胶基。由于胶基主要是由橡胶和碳酸钙组成，它是一种很强的黏合剂。所以嚼过的口香糖残渣具有极强的黏性，会吸附许多灰尘和细菌。若不慎将口香糖黏在衣服或头发上，只用水清洗的话会越洗越黏糊。因此，如果人们随意将嚼过口香糖丢在地面或其他物体上，将很难被清理掉。此外，口香糖不溶于任何酸碱物质，除非用火焚烧，但这样又会产生大量的有害气体，加剧大气污染，而如果被埋在土壤中还会因其难以被分解而引起各种严重的污染。

　　人们最初发明口香糖的目的是为了清洁口腔卫生，可如今它却成了一个难以清除的污染源，这听上去就像是个冷笑话，但却是不争的事实。口香糖的污染力极强，危害甚广，基于这一现实，禁止销售口香糖应算是最行之有效的解决办法。比如新加坡就曾在1992年成为全世界第一个颁布口香糖禁令的国家，数十年来，新加坡政府始终禁止进口、销售及制造口香糖，并规定，对走私口香糖者处以一年的监禁和最高1万美元的罚款。直到2004年，新加坡政府才允许口香糖的销售，但在购买时，人们必须登记姓名和身份证。正是由于新加坡政府多年来对口香糖销售的严格控制，使其成为全球口香糖污染最少的国家。

　　为了解决口香糖污染这一环境问题，其他各国也都积极地想出了各种对策。如英国对于乱吐口香糖者采取罚款制度，最高可罚款50英镑；爱尔兰政府则颁布新法令，对购买口香糖者收取10%的口香糖税；而美国和北欧则在一些公共场所，特别是年轻人常去的地方设立卡通标靶，以吸引人们将嚼完的口香糖投掷向标靶，通过这种巧妙有趣的办法，可以很容易将口香糖残渣集中起来。

其实，要解决口香糖污染问题，最关键的还是要提升民众的环保素养和公德心。每一个人都应该从自身做起，不要随意丢弃嚼过的口香糖，而应该将其包裹在纸中再丢弃，这个看似简单平常的举动，却能有效减少口香糖对环境的污染。一枚小小的口香糖，吃进的是清新的口腔，吐出来的却是对人们素质的考验。一个真正的文明人，不仅要讲究口腔文明，更应该讲究行为的文明。

■绿色加油站■

一沾水就掉的环保口香糖

经过科学家的不断努力，目前英国已经发明出了一种不粘且可以溶于水的口香糖。这种不粘口香糖的奥秘就是在其成分中添加一种新型的与橡胶相似的聚合物，如同给口香糖穿上了一件防水外衣，它的黏性较小，一遇水就会脱落，但这却丝毫不影响它的味道和口感。

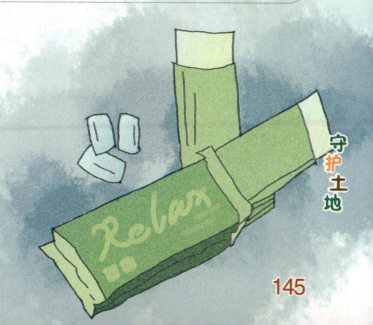

守护土地

8.手帕随身带，绅士又环保

时代的进步和社会的发展，人们的生活方式得到了极大的改变，一些过去传统、老旧的生活方式和生活物品被相继淘汰，越来越多的人更青睐于快餐式的生活方式和一次性用品，并将其视为"时尚"，如使用一次性纸巾、一次性纸杯、一次性筷子和一次性饭盒……

在被人们抛弃的传统物品中，手绢算是颇具代表性的。曾几何时，从前家家户户用以擦汗、抹嘴甚至装扮的手绢已经消失在人们的视野中，却被一次性纸巾逐渐取代。如今的超市、商店中随处可见一次性纸巾的身影，它已经成为了人们日常生活的必需品之一，为了方便省事，人们更愿意选择一次性纸巾，这种无节制使用的背后，意味着大片的森林消失、能源浪费、水污染和垃圾污染剧增，以及各种健康隐患地接踵而来。

许多人选择放弃手绢的原因之一是认为它已经过时，且不够时尚，尤其是年轻人，他们总觉得使用纸巾比手绢更具有时尚气息。但纸巾真的就时尚吗？其实不然，在一些发达国家和地区，手绢依然占据重要的位置，可循环使用的手绢不但是体现国民素质和生态文明的绿色标志，更是绅士和淑女的象征。美国总统布什曾在接受采访时表示他平时都会随身携带手绢，而日本人更是一直保持着随身带手绢的良好习惯，更将使用一次性纸巾当作很丢面子的事情。

事实上，人们之所以更加青睐于一次性纸巾，还是由于没有真正了解它的危害。目前，市场上充斥着各种各样的纸巾品牌，它们大多标榜健康无毒，且纸张给人一种洁白干净之感，但事实真的如此吗？使用纸巾真的健康吗？据权威专家介绍，有不少纸厂为了制造出白亮的一次性纸巾，不但添加氯作为漂白剂，还大量加入增白剂和增光剂等致癌物质。如果人们长期用这种纸巾来擦脸、擦手或擦嘴，附着在纸巾中的致癌物质将会通过毛孔逐渐渗入人体血液，这无疑会对人们的健康造成严重的损害。

地球上的每一包纸巾都是以森林的消失为代价换来的，我们每使用一张纸巾就等于对森林多破坏了一点，所以使用一次性纸巾不是便利，不是时尚，而是在破坏森林资源。

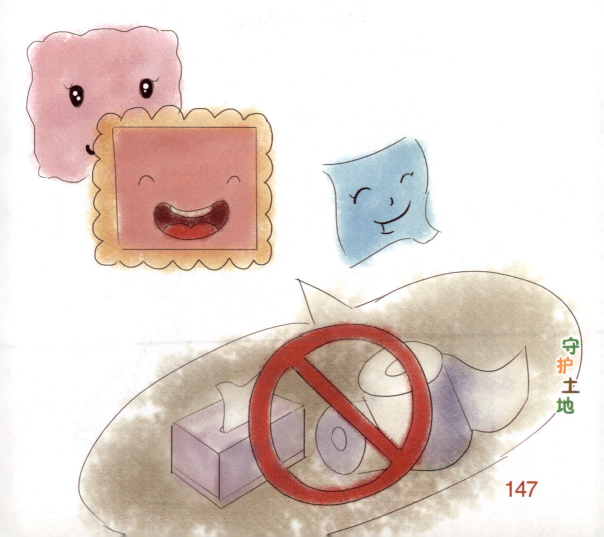

守护土地

147

在自然资源越来越紧缺，生态环境日益恶化的今天，重拾可循环使用的手绢，减少使用一次性纸巾，将是一件利国利民之举。众所周知，一包纸巾与一块手绢的价格相差不了多少，但一包纸巾最多用几天，但一块手绢却至少能够使用一年。由此可见，使用手绢不仅低碳环保，更有利于节约资源，减少环境污染。地球只有一个，这是全人类的共识，在当今环保浪潮之下，减少使用一次性纸巾，重拾手绢已逐渐成为一种时尚，它将改变人们毫无节制的消费欲望，为地球的可持续发展做出贡献。

■绿色加油站■

手帕成为高档礼品

虽然手帕的销量大不如从前，但却并未因为一次性纸巾的出现而彻底消失，反而华丽转型为时尚高档礼品。在许多大型百货商场里，部分高端品牌除了销售衣服、鞋帽、箱包外，还会销售手帕，而一条手帕的价格大约在七八十至数百元。然而，购买手帕的顾客大多并非自用，而是作为礼品送人。如今自用手帕的人不多，但也依然存在，主要集中在高端商务人士之中，使用手帕对于他们而言不仅是环保生活细节的体现，更是一种时尚新潮的标志。

9.分类装垃圾，方便再次利用

　　垃圾无处不在，我们每购买一样物品就会产生更多样的垃圾，就拿夏天人们最爱吃的雪糕来说，至少会产生两样垃圾——雪糕包装袋和雪糕中的小木棍，试想一下，一个人吃一根雪糕就会产生两种垃圾，那么如果吃雪糕的人数或是雪糕被吃掉的数量增加，又将会产生多少垃圾呢？全球70亿人口，仅一个吃雪糕的行为就会产生数量庞大而惊人的垃圾，更别说因为其他行为还将会产生更多的垃圾了，这绝不是危言耸听，而是客观存在的事实！

　　我们很难想象，假如任由这些垃圾存在于我们的生活中，地球将会变成何种面貌？

　　垃圾分类是根据垃圾不同的属性和类别对垃圾进行分类投放，并通过分批分类清运和回收使废弃的垃圾重新变为一种可利用的资源。

　　垃圾分类的好处是显而易见的。垃圾虽被当作废物而被人们丢弃，但它却并非一无是处，以往垃圾都是被直接送往专门处理的工厂，但通过分类这一步骤，可以把垃圾分为可利用垃圾和不可利用垃圾，或者是生活垃圾和工业垃圾等，垃圾被分类以后可以将无害的生活垃圾送入填埋场进行深埋，既节约了土地，又避免了焚烧或直接填埋所产生的污

守护土地

染。同时，还能将可利用的垃圾进行回收再利用，为工农业提供原料，减轻全球资源短缺的压力。据了解，回收1吨废纸可少砍17棵树木，节省3立方米的垃圾填埋空间，以及节省50%的造纸能源，减少35%的水污染。因此，垃圾分类回收回来的不止是一袋袋废纸，还保护了我们赖以生存的家园，保护了大自然赐予我们的宝贵资源。

当然，并非所有的垃圾都是可以回收再利用的。其中，可回收垃圾主要包括废纸、塑料、玻璃、金属及布料五种类型。而不可回收的垃圾主要包括厨余垃圾、有害垃圾及其他垃圾。厨余垃圾是指剩菜剩饭、骨头、菜叶菜根、果皮等食品类垃圾，这类垃圾虽然不能回收再利用，但却可以借助生物技术进行处理，每吨可生产0.3吨的有机肥料；有害垃圾是指废电池、废日光灯管、废水银温度计、过期药品等，由于这类垃圾含有大量的有毒物质，所以需要进行特殊的安全处理；其他垃圾则指砖瓦陶瓷、渣土、卫生间废纸巾等难以回收和利用的废弃物，

要根据其特性采取焚烧或者填埋的处理方式。

通过综合的处理方式对垃圾进行分类回收利用，可以有效减少占地空间，垃圾中有不少难以自然降解的物质，如果直接填埋，会使土壤遭受污染，而通过垃圾分类，可以将能回收利用的、难以降解的物质去除掉，垃圾数量减少了，土地的占有量自然也就随之减少了。此外，垃圾分类对于减少环境污染也有着显著的作用。垃圾中存在的大量有害物质，如废旧电池中含有汞、镉等重金属物质，留在土地中会使土壤毒化，使农作物受污染，并且危害人体健康，如果事先进行分类回收，则可以最大限度地减少危害。

我们每一个人都是垃圾的制造者，又是垃圾的受害者，所以我们更应该做的是成为垃圾污染的治理者。从现在起我们都应该行动起来，让垃圾分类成为一种生活态度和习惯，共同去战胜垃圾污染，还大地一片洁净。

■绿色加油站■

厨余垃圾变废为宝

平日家中总免不了会剩下或丢弃一些厨余垃圾，这个时候千万不要一股脑将它们全部倒进垃圾桶，因为若将其进行分类收集，可以变成肥料。比如菜叶、果皮、鸡蛋壳、剩饭剩菜等都可以收集起来装进一个专门的堆肥箱内，让它进行自然生物降解制成有机肥料。这种有机肥料营养丰富，且十分环保，用做花草或蔬菜的肥料，将促进植物的生长，且不会像化学肥料那样引起土壤污染。

守护土地

151

10.大有学问的环保购物袋

在欧美一些国家，许多时候人们将环保购物袋称作重复使用手袋，也就是说不论材质，只要符合耐用及可重复使用两点要求，则都可归为环保购物袋，其特性恰好与一次性使用的塑料袋相反。

如今，随着环保观念逐渐深入人心，更多的人开始愿意接受并使用环保购物袋。而时下的环保购物袋在突破材质的限制后，呈现出绚丽多彩的时尚之姿。环保购物袋已经逐渐摆脱了在人们心目中一直以来的呆板、土气形象，在设计师的手中，它们被重新赋予了新潮、艳丽的时尚感。那一件件各式各样的环保袋，如同陈列在展示柜中的艺术品，在保留了它原本的实用性后，设计师又增添了它的观赏性，在环保的同时，还给人们带来了无限的乐趣和享受。

总的来说，环保购物袋的制作材料都是以天然或可降解的有机纤维为主，能够用于代替日常购物时消耗的一次性塑料袋，以达到减少环境污染的目的。现今市场上流行着各种不同样式的环保购物袋，人们的选择也比从前更加多了。假如你觉得帆布或者棉布制作的购物袋过于朴素，那么可以选择配有华丽装饰的购物袋，这样可以兼顾时尚和环保；假如你崇尚自然随意，那么可以选择草编或线编购物袋，这种购物袋不仅线条流畅，还简洁大方又不失流行感。还有一种广告性环保购物袋，因其面积较大，可以在上面印上商品广告。现在的人们大多追求时尚潮流，什么东西比较"热"，购买的人也会比较多，如果商家将商品图案和宣传广告印在环保购物袋上，将是一种很好的促销方式。当顾客看到环保袋上的热卖商品信息，自然会被广告吸引而去购买。

　　这样看来，只要在环保购物袋的设计上多下一番工夫，在保留原有优点的同时，融入更多的时尚元素，那么想要改变人们长期以来根深蒂固的"使用一次性塑料袋"的习惯也并非难事。

　　其实，自环保被纳入全球目标以来，环保购物袋就逐渐重新走入了人们的生活。在世界各国已经有不少年轻人开始用实际行动响应这一环保号召，尤其是一些年轻女性，她们纷纷拒绝使用皮手袋，减少使用一次性塑料袋，而改用大型环保购物袋装放食物。不仅如此，许多超市也积极行动起来，鼓励提倡顾客多使用可循环的环保购物袋。虽然使用环保购物袋并不一定能使环境改善多少，但至少能让塑料袋所产生的污染少一些，至少证明我们都在为环保尽一份力！

守护土地

美丽中国系列之

环保篇

环保购物袋成为时尚品

　　自从许多国家开始限制塑料袋使用之后，许多人在购物时开始拒绝使用塑料袋，世界顶级设计师们纷纷抓住这一商机，推出了各种各样的时尚且环保的购物袋。在设计师的倾力打造之下，环保购物袋成功华丽变身，一跃成为集时尚、环保、耐用为一体的时尚品。由设计师们特别设计的环保购物袋虽紧跟潮流趋势，价格不菲，但却因其制作别致、风格独特，受到了人们的追捧，甚至许多高端品牌的限量版环保购物袋一经发售就被抢购一空！